# Aventuras de emprendedores

# Aventuras de emprendedores

## 57 historias de creatividad y valentía en la empresa

Mar Galtés

Prólogo de Manel Adell
Epílogo de Martin Varsavsky

**Libros de Cabecera**
www.librosdecabecera.com
Barcelona - Madrid - New York

1ª edición: septiembre 2011


Rambla de Catalunya, 53, ático
08007 Barcelona (España)
www.librosdecabecera.com



Diseño de la colección: Erola Boix
Editores: Virtuts Angulo y Paco López
Maquetación: Barreras&Creixell

ISBN: 978-84-939268-2-3
ISBN PDF: 978-84-929368-3-0
ISBN EBOOK: 978-84-939268-4-7
Depósito Legal: B-27.371-2011

Impreso por Talleres Gráficos Vigor, S.A.
Impreso en España - *Printed in Spain*

# Índice

# Prólogo

Cuando Mar Galtés me pidió que escribiese un prólogo para su libro sobre cincuenta y tantas historias de emprendedores tardé pocos minutos en comprometerme. No suelo ser tan rápido con compromisos que me van a dar más trabajo del que ya tengo. Acostumbro a reflexionar un poco sobre ventajas y oportunidades, riesgos y beneficios. Me gusta comprometerme, pero tras un cierto conocimiento de las causas a las que me comprometo. Por alguna razón que sinceramente desconozco, en este caso ha sido distinto y creo que tras analizarlo un poco puedo decir que me pasaron dos ideas por la cabeza —rotundas ellas dos— y acepté en pocos minutos. Se trataba de una reacción intuitiva al tema del libro y a su autora.

La primera idea que emergió fue simple; de hecho fue una conexión de ideas: emprender, emprendedores, empresa... ¿qué otra cosa nos va a sacar de nuestra crisis si no es la capacidad de emprender? Así pues, creo que rápidamente conecté las siguientes palabras y conceptos: empresa , emprendedor, compartir historias de éxito, inspirar, animar a invertir, invertir, crear, iniciar, celebrar, valorar, reconocer, desarrollar, abonar, crecer... En definitiva: un mundo que mejora.

Con los periódicos llenos de dudas y amenazas apocalípticas, de escenarios oscuros y de política de guerra y de guerrilla, creo sinceramente que reflexionar sobre la capacidad de emprender de un país es algo que merece siempre de gran atención, y en estos momentos de penuria para muchos, aún lo es más. Poco me preocupa si la reflexión es académica, práctica, algo novelada, estadística o voluntarista, lo importante para mi es que la capacidad de emprender se sitúe en el lugar que se merece y este libro contribuirá sin duda a ello.

Leer biografías de grandes líderes no hace al joven estadista más grande automáticamente, sin embargo, sí le ayuda a establecer un marco de referencia, una idea sobre las experiencias vividas por otros, un espejo inspirador. Tal vez es ahí donde la idea de este relato cobró súbitamente una gran importancia. Pequeñas inspiraciones pueden dar lugar a grandes iniciativas. Esto basta.

Hay muchas maneras de resumirlo. Un profesor de una de las grandes escuelas de negocios americanas lo sintetizaba así: « [...] a largo plazo, no hay ninguna variable que se correlacione más con la creación de empleo que la de los beneficios empresariales». Y aunque los beneficios no solo se correlacionan con la capacidad de emprender, sin emprendedor y su energía no hay empresa, y sin ella no hay beneficios. Hagan ustedes mismos la relación.

El paro en nuestro país asedia peligrosamente la salud de nuestra sociedad. Nuestros jóvenes, que hasta hace unos años proclamaban mayoritariamente los beneficios de ser funcionario, ven hoy la actual crisis como una primera alarma del sistema. Afortunadamente, aparecen ya los signos que manifiestan que la única manera de sobrevivir es ESPABILARSE —lo siento pero me ha salido así, con mayúsculas—.

El resumen de esta primera idea es fácil: emprender me parece positivo y necesario, y sin emprendedores el mundo no avanza. Creo firmemente que el emprendedor no está suficientemente reconocido en nuestra sociedad y bastaría con la mitad del reconocimiento que tiene un futbolista o un cantante.

La segunda idea fue para la escritora. A pesar de haber compartido un viaje y algunas comidas, conozco poco a Mar personalmente, pero yo diría que he leído cientos de sus artículos.

Me gusta su manera de narrar y me impresiona también su capacidad de adentrarse en los personajes. Cada periodista tiene su mano, algo que también solemos decir de cada diseñador en el mundo de la moda. Es una manera de hablar de esa extraña combinación entre arte y ciencia, entre razón, intuición e instinto. Por los años que lleva en el periodismo de este país y a pesar de su juventud, Mar debe haber escrito miles de notas, artículos y narraciones, pero con unos cuantos leídos ya llegué a la conclusión de que se trataba de una buena periodista y aunque «ahora no toca» me permito decir que creo que a este país también le haría falta una gran dosis de buen periodismo para poder avanzar y salir del embrollo en el que nos encontramos. Periodismo desligado del interés económico sin escrúpulos (ya sé que no se puede desligar del interés económico —hablaba de escrúpulos—) y despolitizado, periodismo realmente curioso y que aunque necesariamente tome partido para relatar lo noticiable, no lo haga solo para perjudicar al contrario, sino fundamentalmente para defender al propio. Ese periodismo que tanto escasea.

Comentando el proyecto de este libro con un amigo me decía que hace unos años participó en un proyecto que reflejaba a los líderes digitales del momento. Pasados casi diez años, prácticamente casi ninguno de los protagonistas aparece hoy en la lista de líderes de la actualidad. Será interesante que Mar repita el ejercicio y narre la evolución de las aventuras de hoy con el paso de los años. El tiempo nos suele dar una perspectiva diferente de los proyectos, logros y fracasos. La variable tiempo cambia cualquier análisis económico, cualquier inversión. Es una variable que tendemos a infravalorar al querer hacer una buena foto del momento pero a la que, sin duda alguna, el caer de las décadas o de los días afectará. Saber distinguir el por qué unas aventuras continúan bien, mientras otras acaban mal, sería material para otro o varios libros. En este sentido, cada historia de las que siguen debe pasarse por el tamiz del tiempo, para que adquiera verdadero valor.

Una última reflexión con la que dejo al lector es de naturaleza geográfica o geoeconómica. Un alto porcentaje de las aventuras descritas en este libro suceden o se inician en Catalunya, con emprendedores nacidos o acogidos en estas tierras. La región mediterránea fue y es de gran importancia geoestratégica y lo será para nuestro futuro. Algunas historias de las que a continuación se narran serán más locales y otras devendrán globales, pero todas ellas tienen raíces aquí. No creo que Mar haya querido hacer estadística o sesgar lo que pasa en España. La redacción de un periódico barcelonés recoge más a menudo lo que tiene cerca que lo que está a cientos o miles de kilómetros de distancia, pero no erraría mucho si dijese que este mismo libro sería mucho más difícil de escribir en otras regiones europeas o españolas con, probablemente y sin temor a equivocarme, menor actividad emprendedora. Creo que tenemos que felicitarnos por la diversidad temática, creatividad y calidad de nuestro espíritu emprendedor y este libro es una buena muestra de ello. Otro tema es si la cantidad es suficiente.

Tal vez sea la adversidad a la que nos ha sometido la historia, o la estirpe o quizá una mera casualidad —creo muy poco en la casualidad— pero lo que no puede soslayarse es que Catalunya es y ha sido una buena cuna de emprendedores. Sin ir más lejos, mi padre, emprendedor donde los haya y pequeño empresario ya jubilado, arrancó desde el hambre de un orfanato de la postguerra y como él miles de emprendedores sacaron al país de un profundo y oscuro valle. Solo si seguimos siendo hambrientos y creativos podremos salir adelante en un mundo en el que el viento no nos sopla, ni nos va a soplar a favor en mucho tiempo. Quizá no estemos tan lejos de interiorizar el *stay hungry, stay foolish* que nos recuerda Steve Jobs y Mar, unas páginas más adelante, en su introducción.

Si pudiese añadir un capítulo más a este libro, le propondría a la autora dedicarlo a las aventuras que acabaron mal. Creo que de las quiebras se aprende todavía más que de los éxitos —lo digo por experiencia— y la lista de aventureros fracasados es mucho más larga que la de los triunfantes. Nuestra cultura tiende tristemente a ocultar los fracasos y ensalzar los éxitos mas allá de lo merecedero y debemos aprender que sin la caída no hay recuperación posible. Es cierto que criticamos bien y mucho, pero no me refería a eso. Creo que no tenemos una buena pedagogía del error como fuente de aprendizaje. Desde la escuela estamos entrenados a no fallar. ¿No deberíamos entrenar a nuestros hijos a fallar mucho y a menudo para aprender más y más rápido? No es tarea fácil, me consta.

No me cabe ninguna duda que la capacidad de sufrir, la de errar y la de recuperarse están en la fórmula magistral de la mayoría de las historias que siguen. Tal vez sea el estímulo obligado de esas capacidades la única razón por la cual pienso que los tiempos que vivimos son, en el fondo, buenos tiempos.

**Manel Adell**, *CEO de Desigual*

# Introducción

Emprender está de moda. Pero, ¿qué significa exactamente emprender? ¿Quiénes son, qué tienen en común, los que se hacen llamar emprendedores? Y, ¿por qué están ahora de moda?

En un contexto económico posteufórico, de crisis financiera y también de crisis de sistemas productivos, de sistemas educativos, de crisis estructural, de crisis de valores —en momentos de indignación— parece que está en manos de los emprendedores —o se espera de ellos— la capacidad y la posibilidad de cambiar muchas cosas, de cambiar... ¿el mundo? «Lo que el mundo pide a gritos a los emprendedores es liderazgo en el cambio, y eso es difícil», analiza el emprendedor Carlos Barrabés —¡y lo dice en Twitter: el cambio es real!—.

Muchos consideran que ser emprendedor es una actitud que se lleva dentro —esa que un gurú apreciaba en la manera de subir las escaleras: está el que quiere llegar arriba enseguida, sin importarle la altura de los peldaños, y que los sube con garbo, y si puede, de dos en dos; y están también los que arrastran los pies, como llevando el peso del mundo en una mochila: esos probablemente no sean los emprendedores—.

Pero, ¿qué es ser emprendedor? La sabiduría popular dice que emprendedor o emprendedora es aquella persona que se enfrenta con resolución a acciones difíciles. Es decir, uno puede ser emprendedor en su vida, en sus vacaciones, en la empresa en la que es empleado, o en la empresa que ha creado. A continuación siguen unas decenas de historias de emprendedores.

## De qué va este libro

Este es un libro de aventuras. De grandes ideas y de pequeñas empresas, y de pequeñas ideas y grandes empresas. Globales o locales, pero ambiciosas. Son solo algunas de las muchísimas historias que llegan a la redacción de un diario. No son los más guapos, ni los más listos, no están todos los que son. Son un puñado de ejemplos, son historias que han sido noticia, que tienen una chispa que las hace merecedoras del interés de los lectores. Que transmiten el valor del riesgo, del esfuerzo, del compromiso y de la ilusión por sacar adelante un proyecto. Y compartir estos valores, estas aventuras, es un gesto que pretende inspirar, transmitir un mensaje de «¡tú también puedes!» Un mensaje que ayude al lector a descubrir el emprendedor que muchas personas, aparentemente corrientes, llevan dentro.

## El emprendedor o la emprendedora y el emprendimiento –entendido como la acción de emprender– en general

Emprendedores los ha habido desde el principio de los tiempos. Lo que ha cambiado con el siglo XXI, lo que sí hace distinto el actual momento de emprendimiento, es la tecnología: porque ha eliminado muchas barreras de entrada y ha generado millones de nuevas necesidades y posibilidades de negocio por descubrir. Porque ahora, cualquiera que tenga un ordenador y una idea también puede lanzarse a emprender.

Para hablar de emprendimiento no existen fórmulas matemáticas, ni soluciones infalibles. Cada experiencia, cada aventura de cada emprendedor para sacar adelante su empresa, es diferente, y es la que cuenta.

Las historias de este libro son todas historias reales y desmontan tópicos: para ser emprendedor no hay que ser joven, no hay que ser rico, no hay que haber heredado una empresa. Es verdad que se puede ser emprendedor siendo joven, siendo rico, o partiendo de una empresa familiar, claro que sí. Pero también se puede emprender a una edad madura, empezando desde cero, incluso después de arruinarse. Y se puede ser emprendedor en el nuevo mundo de la tecnología, y también en los sectores de siempre.

Los emprendedores tienen sus aforismos que les definen, de los que me quedo con dos:

- los más grandes, algún día también fueron pequeños, y
- no pasa nada por fracasar, lo importante es volver a levantarse.

En un contexto económico deprimido se considera que los emprendedores, abordando nuevos proyectos, son la solución a los problemas que tienen muchas empresas para adaptarse a los nuevos tiempos, la solución para acabar con los altos índices de paro: para que los desempleados tengan el aliciente de convertirse en sus propios empleadores, en emprendedores, y que además acaben creando más empleo.

El Eurobarómetro de la Comisión Europea publicado en mayo 2011 sobre la movilidad de la juventud —la muestra considera juventud entre los 15 y los 35 años— sorprende agradablemente con el dato de que más de la mitad (un 54%) de los jóvenes españoles se declaran dispuestos a fundar su propio negocio. Una cifra que está por encima de países como Francia, Reino Unido o Alemania. Es un dato esperanzador, teniendo en cuenta que en España uno de cada tres jóvenes —entre 16 y 29 años— está en estos momentos (junio de 2011) en la cola del paro. Es en este contexto bastante menos amable, cuando gana valor el lema: «Si no encuentras trabajo, invéntatelo». O lo que es lo mismo, hazte emprendedor.

## El abuso del término emprendedor

Una consideración: en el ambiente empresarial, la etiqueta de emprendedor puede resultar vacía si no se acompaña de muchas otras condiciones necesarias. No basta una idea brillante, sino que hace falta un buen plan de negocio y el aval del mercado, de los clientes. Ser emprendedor no es tener una *idea de bombero*, sino saber convertirla en un buen negocio. Y como en tantas otras cosas en la vida, hay emprendedores sólidos y otros que se quedan por el camino —y otros que no pasan de *frikis*—. Por eso también se entiende que tanto mitificar y tanta euforia emprendedora, genere reacciones. Como el *tweet* que lanzó el provocador y creativo Risto Mejide: «Odio el término "emprendedor". Me suena a alguien que pilla el petate y se va. El que se queda en este país, es mucho más "aguantador"». Quizás sea solo un matiz en la utilización del léxico, pero aquí queda.

## Historias de La Vanguardia

Las historias de este libro se han construido a partir de artículos publicados en las páginas de la sección de Economía de La Vanguardia, luego adaptados y actualizados. Esto significa que se ha considerado que tienen interés para los lectores, pero en ningún momento la autora ha hecho una auditoría de estas empresas, ni tampoco pretende aconsejar si invertir o no en ellas.

## Emprender con pasión

Steve Jobs, el célebre fundador de Apple, pronunció un histórico discurso en la ceremonia de graduación en la Universidad de Stanford en mayo de 2005, que se ha convertido en un texto de cabecera para todos aquellos a quienes les vibra el estómago cuando escuchan la palabra emprendedor. Seguro que no por conocidas dejan de resultar emocionantes, motivadoras sus palabras:

**Tenéis que encontrar qué es lo que amáis. Y esto vale tanto para vuestro trabajo como para vuestros amantes. El trabajo va a llenar gran parte de vuestra vida, y la única forma de estar realmente satisfecho es hacer lo que consideréis un trabajo genial. Y la única forma de tener un trabajo genial es amar lo que hagáis. Si aún no lo habéis encontrado seguid buscando. No os conforméis. Como en todo lo que tiene que ver con el corazón, lo sabréis cuando lo hayáis encontrado. Y como en todas las relaciones geniales, las cosas mejoran y mejoran según pasan los años. Así que seguid buscando hasta que lo encontréis. No os conforméis.**

Y su frase final, una declaración de intenciones válida para la empresa, también para la vida. Si no se tiene avidez por el conocimiento, no se conocerá el éxito:

***Stay hungry, stay foolish***
**(Permaneced hambrientos, permaneced insensatos)**

# I. Ejemplos de siempre

Fue emprendedor el inventor del Chupa Chups, Enric Bernat, cuando le colocó un palo a un caramelo y lo convirtió en un dulce de referencia para millones de niños durante décadas, y en todo el mundo. De hecho, convirtió su marca en un genérico del caramelo con palo. Bernat fue emprendedor porque convirtió una idea (¿de bombero?) en un éxito empresarial.
Amancio Ortega, el genio de Zara-Inditex, o Isak Andic, de Mango, o Thomas Meyer y Manel Adell, de Desigual, también han sido emprendedores. Igual que lo fue en su momento Akio Morita (Sony), Henry Ford (Ford), Conrad Hilton (Hilton) o el primer Rockefeller. O el admirado Ingvar Kamprad, el fundador de Ikea. O Howard Schultz, de Starbucks.
A nuestro alrededor encontramos otros tantos emprendedores cercanos, tan clásicos como actuales, de emprendedores que han sabido encontrar la dosis justa entre innovación y mercado, esa fórmula secreta del éxito que tan bien planteó Henry Ford —que sigue siendo secreta, claro—, cuando dijo: «Si yo hubiera preguntado a la gente que qué quería, me hubieran pedido caballos más rápidos y sillas de montar más cómodas. Y yo no hubiera fabricado el coche Ford T».

# 1. Inventar una marca y un posicionamiento

**Ricardo Fisas,** *Fundador y presidente de Natura Bissé*

«El día que cumplía 50 años me quedé en el paro. Es humillante para alguien que ha sido presidente de una empresa tener que ir a cobrar a la ventanilla. Lo pasé muy mal, y como Scarlett O'Hara, juré que nunca más volvería a trabajar para terceros».

Era 1979 y esa mala experiencia decidió a Ricardo Fisas a fundar su propia empresa, la firma de cosméticos Natura Bissé. Hoy, sus cremas fabricadas en la comarca del Vallès, en Catalunya, triunfan en el segmento más elitista del mercado internacional.

Fisas tiene más de ochenta años pero no los aparenta, por la energía que desprende y por las pocas arrugas de su rostro: será porque cada día se pone la crema estrella de Natura Bissé, junto a una crema con ácido licólico para *peelings* y una crema con efecto bótox que relaja y rellena las arrugas.

La carta de presentación de Natura Bissé es un álbum de glamour. Lujosos balnearios en todo el mundo que utilizan sus productos; sofisticados espacios de venta en grandes almacenes; recortes de revistas en las que *celebrities* de Hollywood se declaran fans de la marca. Y fotos, muchas fotos de familia, en las que aparecen Ricardo Fisas, su esposa Gloria Vergés, las hijas y los yernos, en inauguraciones, fiestas o premios, solos, en grupo o junto a personajes famosos como Mohamed Al-Fayed —el multimillonario egipcio y antiguamente propietario de los grandes almacenes Harrods— o los príncipes de Asturias.

Los pequeños y carísimos tarros con la pócima de la eterna juventud que vende Ricardo Fisas, son un objeto deseado, pero tienen un origen muy poco glamouroso.

«Yo trabajaba en la parte comercial de una empresa de hidrolizados de proteínas para enriquecer piensos animales. Nos dimos cuenta de que los obreros que estaban en contacto con el producto tenían las manos muy suaves. Y le encargué un estudio clínico al doctor Mercadal, que lo realizó en el rostro de 500 personas y obtuvo un resultado espectacular». Fisas, que antes había trabajado en el departamento de publicidad de Nestlé, en Consorcio de Organizadores Consejeros, y que fue máximo responsable de Wrigley en España, explica que cuando la empresa de hidrolizados de proteínas cambió de manos y cerró, al verse en la calle, decidió recuperar el experimento y ser emprendedor. «Entre diez socios pusimos 800 000 pesetas —cerca de medio millón de euros—. El producto lo fabricaba un laboratorio externo, y encontramos el nombre después de decir 20 000 barbaridades, mezclando Natura de Bali y Jacqueline Bisset. Así surgió Natura Bissé».

La empresa empezó vendiendo en los centros de estética en España, como cualquier otra crema del mercado. Y en 1985 intentaron entrar en Estados Unidos, «pero fracasamos. Perdimos medio millón de dólares en el intento y juramos no volver allí nunca más».

Suerte tuvieron de que las cosas no van siempre como uno pronostica: «Las pocas cremas que vendimos hicieron su trabajo y nos llamó una clienta de Texas pidiendo la distribución». Ella consiguió el contacto con los almacenes Neiman Marcus, que se convirtieron en la mejor plataforma de lanzamiento: allí los conoció la mujer de Al-Fayed, que hizo llamar a Fisas para que sus cremas se vendieran también en Harrods. «Triunfar en Estados Unidos y Gran Bretaña fue una ventana que nos catapultó a otros países: Japón, el golfo Pérsico, México, Australia. Ahora nos queda crecer en Europa».

«Me he preguntado muchas veces cómo le ha ido tan bien a una marca desconocida y de un país que muchos ni saben donde está», dice Fisas. «Y mi única respuesta es la calidad del producto: no tenemos límite, cueste lo que cueste», aunque mucho hay también de relaciones públicas.

En España el reconocimiento fue posterior, y para ello necesitaron entrar en la venta a perfumerías y fichar a la modelo Judit Mascó como imagen. Alrededor de Natura Bissé se ha construido una aureola de exclusividad que se apoya en el alto precio: «Nosotros escogimos un nicho de mercado arriba de todo, y de ahí no nos movemos».

Es verdad que los Fisas no son una familia cualquiera; podría decirse que llevan la empresa en la sangre. Ricardo es tío del político Santiago Fisas, que fue consejero en la Comunidad de Madrid y del empresario Pablo Fisas, de la textil Sati, y también es primo de los Puig perfumeros. Su mujer, Gloria Vergés, que ha sido la consejera delegada para España, «ha llevado siempre la comercialización y es el alma de la empresa». Tienen cuatro hijos, todos en la empresa, junto a los yernos, y diez nietos. La familia ha ido recomprando a los otros socios fundadores y controla el 90% de Natura Bissé.

Ricardo Fisas sigue al pie del cañón. Dice que aún «tiembla» cuando mencionan a Natura Bissé entre las grandes firmas del sector, pero ya se toma las cosas de otra manera. «Yo he hecho, he enseñado a hacer y ahora dejo hacer y superviso». Al frente del negocio, como consejera directora general, está su hija Verónica. Y después de la irrupción en Estados Unidos y la construcción, en el año 2000, de una planta propia en el Parc Tecnològic del Vallès, la empresa se planteó en 2011 el tercer gran reto de su historia: «No es lo mismo tener presencia internacional que tener penetración internacional», dice Verónica Fisas. Por eso el siguiente paso es reforzar sus ventas en el extranjero —España debe pasar del 40% en 2010 al 18%— y llegar a una facturación de 56 millones de euros en 2013.

## 2. Inventar un proceso... ¡el pan!

**Pere Gallés,** *Fundador del grupo Europastry-Fripan*

A Pere Gallés se le considera el inventor, en los primeros años ochenta, del pan precocido congelado, que supuso una revolución frente al pan congelado en crudo que ya elaboraban los franceses. «Tiene la enfermedad del pan y siempre piensa en el futuro», decían de Pere Gallés sus colaboradores.

Pere Gallés Payàs nació en 1931 en una familia de panaderos, en el pueblo de Castellterçol, en la provincia de Barcelona. «Allí el negocio estaba estancado y en el cinturón industrial de Barcelona hacía falta mucho pan», argumentaba en una entrevista hace unos años.

En 1963 inició su aventura empresarial con un primer horno en el barrio barcelonés de Nou Barris, que pronto se convirtió en una cadena de panaderías y que fue el germen de Europastry, un grupo que facturó más de 370 millones de euros en 2010, tiene diez plantas de pan y bollería congelada —nueve en España y una en Portugal—, y que incluye la cadena Molí Vell —270 panaderías—.

Pero él mismo se consideraba «un panarra» —un amante del pan— que echaba de menos «el pan de antes». Por eso no dejó de trabajar hasta conseguir un pan rústico que «hubiera complacido a mi padre y a mi abuelo». Aunque fuera un pan de alta tecnología.

Gallés fue también un empresario de visión que no dudó en abrir a terceros el capital de su compañía familiar. «En Cataluña sabemos crear empresas, pero cuesta mucho hacerlas crecer», decía. «Mi ambición no es económica, nunca hemos repartido un duro. Mi ambición es la satisfacción personal de seguir adelante». Gallés quería que su empresa se hiciera grande «porque, al participar otros socios, hay menos problemas familiares».

«Me hubiera gustado ser arquitecto, pero mi padre me lo quitó de la cabeza porque quería que yo le ayudara a hacer pan. Le tuve que obedecer y me sentí decepcionado, pero visto ahora no estuvo tan mal: hubiera podido ser un mal arquitecto, y he conseguido ser un panadero medianito». Con esta historia, Pere Gallés encandiló a la cúpula directiva de Starbucks, la mayor cadena de cafeterías del mundo, a quienes ayudó en el año 2001 a implantarse en España. «A los americanos les encantan estas historias de hombres hechos a sí mismos. Todos eran licenciados en Harvard, y cuando les dije que mi universidad era el trabajo, me aplaudieron», decía.

De su visión de futuro destaca la apuesta que hizo desde el principio por abrir el capital de la empresa. En 1994, cuando apenas se sabía en España lo que era el capital riesgo, dio entrada a Dinamia, con el 26% del capital. «Sin ellos, Fripan no sería lo que es». Lo decía porque en su opinión «las empresas familiares tendemos a hacer las cosas de cualquier manera, porque el olfato del empresario es una virtud. Pero cuando la empresa crece, además del olfato, hace falta método». Los cinco años del contrato transcurrieron y la firma de capital riesgo vendió, con una plusvalía del 100%. Luego lo intentó con los Carulla de Agrolimen —Gallina Blanca y otras empresas—, pero no se entendieron; encontró nuevos aliados en Inveralia, el Banco Pastor e Ibersuizas, que tomaron el 27%. En la siguiente etapa se alió con el Sabadell, después con Vall Companys; la salida a bolsa estaba encima de la mesa en 2008, pero quedó paralizada tras estallar la crisis financiera mundial. Y desde mayo de 2011 la compañía tiene al fondo MCH —18%— especializado en acompañar a empresas familiares en su internacionalización.

Pere Gallés siguió activo hasta el final, en 2010, cuando falleció a los 79 años víctima de un cáncer. Antes aún tuvo fuerzas para poner en marcha su último gran proyecto, su última demostración de que siempre se puede innovar, aunque sea en un producto tan básico como el pan. Y consiguió fabricar el pan rústico, como lo hacían su padre y su abuelo, pero de la forma más tecnificada. Este producto, denominado Gran Reserva, salió al mercado en 2009 y es un pan de alta tecnología, sin conservantes, que se somete no a una sino a tres fermentaciones; para su desarrollo, Europastry invirtió sesenta millones de euros en nuevas líneas de líneas de producción. «El pan Gran Reserva es una apuesta estratégica para crecer en los próximos años», dijo Jordi Gallés, que asumió la presidencia tras el fallecimiento de su padre. «Responde a la tendencia del mercado hacia los productos de calidad y valor añadido, y nos permitirá potenciar las exportaciones», y el siguiente paso, la implantación productiva en mercados estratégicos.

## 3. El payés que reinventó... ¡la *pizza*!

**Josep Terradellas,** *Fundador de Casa Tarradellas*

Josep Terradellas había estudiado para perito agrícola pero montó un restaurante en la carretera de Vic a Puigcerdà que servía comidas a los viajeros y a los grupos de autocar. Allí empezó a elaborar embutidos, en el edificio contiguo abrió La Botiga del Costat —la tienda de al lado—, y pronto construyó la fábrica y la marca que identifica con la masía de sus padres —la casa familiar de campo—, la de los porches que aparece en la etiqueta de sus productos.

Y luego, sin hacer casi ruido, en 1997, Casa Tarradellas introdujo sus *pizzas* en miles de casas de todo el país: en realidad, se considera que se inventó el sector de las *pizzas* refrigeradas, las que se guardan en la nevera —no en el congelador—. «Fue idea suya, todas las ideas en la empresa son suyas», explican en el sector. Pero él, extremadamente discreto, lo relativiza: «Es un invento compartido, es el "pa amb tomàquet" —el pan con tomate típico catalán— con jamón y queso. Los tiempos cambian, las mujeres trabajan y no hay mucha afición a la cocina».

«La empresa ha crecido, pero ha sido casi sin querer», decía Josep Terradellas Arcarons en los años en los que su facturación crecía a niveles de vértigo: un 240% entre 2000 y 2007. Pero él es un payés de Vic que montó una charcutería y la convirtió en una de las compañías más respetadas y rentables del sector alimentario español. «La nuestra es una historia muy normal», se excusaba. Casa Tarradellas facturó 630 millones de euros en 2010.

Josep Terradellas tampoco es un presidente de despacho: él ha sido de los que prefieren negociar personalmente los contratos con la gran distribución, del mismo modo que conoce cómo funcionan todas las máquinas de su fábrica, algunas de las cuales se ha hecho diseñar especialmente. Más allá de sus productos, Casa Tarradellas no tiene otra proyección exterior que los anuncios de televisión. «No somos una empresa financiera, sino industrial», dice para justificar su inmenso recelo a cualquier protagonismo. Tanta discreción le mantiene muy alejado de los círculos empresariales y sociales, y para no tener que aparecer en público, incluso rechazó la propuesta de un amigo para ser candidato a un premio al empresario emprendedor.

Su afán por la simplicidad se refleja en una reducida cartera de productos. «No se pueden hacer muchas cosas y todas bien». El producto es su obsesión, y su estrategia de siempre: «Nos concentramos en unos pocos productos y en hacerlo bien. La mitad del negocio son *pizzas*; la otra mitad, cárnicos, como el espetec —embutido típico—, las lonchas de jamón o las tiras de bacón». La filosofía resulta peculiar en los tiempos que corren. «No queremos ocupar mucho lineal porque sí. Nos importa más la rotación, que el producto sea siempre fresco».

«Es un trabajador incansable, va de lunes a domingo a la fábrica, porque es donde se siente bien. Cuando te enseña las instalaciones si te distraes lo has perdido. Josep no anda, corre: de hechos y de pensamiento». Todos le reconocen que es un innovador. Durante años, los fines de semana tomaba el coche con su mujer y recorrían supermercados de Francia o Italia para ver nuevos productos, nuevos envases. Y también visita todas las ferias y fábricas en el extranjero que puede.

Para ser un hombre muy sencillo, que casi nunca lleva corbata, sorprendió a todos con la fábrica que levantó en Gurb, con una imponente fachada neoclásica que no pasa precisamente inadvertida. «Yo empecé haciendo de payés, y creo que es muy importante saber hasta dónde puede llegar cada uno; pensar que eres muy bueno te pierde, ya lo decían los filósofos griegos». Ya era un empresario de éxito cuando buscó formación académica en las escuelas de negocios IESE y ESADE.

«Me paso diez o once horas trabajando, y dos leyendo», dice Terradellas. Y cuando no trabaja y no lee, está jugando a golf. Pero siempre con ideas en la cabeza: «Aún podemos mejorar mucho las *pizzas*. Durante los años de *boom* económico nos han ofrecido participar en un buen número de operaciones y negocios y quizás hubiéramos podido ganar mucho. Pero nos hubiésemos distraído. Hubiésemos sido más ricos, pero también ahora somos menos pobres».

# 4. Inventar el... ¡limpiatodo!

**Josep María Lloreda,** *Presidente de KH Lloreda*

Josep Maria Lloreda es el propietario de KH Lloreda, empresa conocida en el mercado por el KH7, un detergente que ha sido capaz de plantar cara a las más grandes multinacionales y que nació fruto de una crisis.

Lloreda (Les Franqueses del Vallès, 1954) «era muy mal estudiante» y a los 16 años se incorporó a la empresa familiar que había fundado su padre en 1949, un taller donde se realizaban baños galvánicos a las piezas de joyería, y que evolucionó: «Allí donde se ponía oro estábamos nosotros»; hacían las decoraciones en oro de las cuberterías: «¡Llegamos a tratar 50 000 cubiertos diarios!», explica Lloreda mientras muestra algunas de esas cucharillas, que todavía conserva y utiliza para disolver el azúcar en el café. Pero la crisis de 1993 sacudió a la empresa, y un año después fallecía su padre. «Cogí las riendas, el mundo del recubrimiento estaba muy mal, busqué un equipo profesional que me asesorara y decidimos cambiar de orientación».

El detergente KH7 lo tenían, casi sin saberlo, en casa: «Para hacer los recubrimientos en oro el producto debía estar impecablemente limpio, y nosotros mismos nos hacíamos el detergente. Éramos buenos fabricantes». Con el traslado de la planta a Canovelles, un pueblo en la provincia de Barcelona, a mediados de los años noventa, «empezó el despegue».

El desengrasante del tapón naranja llegó a representar el 90% de las ventas de la compañía, que a lo largo de los años ha buscado vías de diversificación. También a su manera: «Nos reunimos 35 personas durante dos días en un hotel. Estábamos los directivos, y cada uno aportaba seis personas de su equipo: mecánicos, técnicos... Se trataba de decir todo lo que se nos ocurriera». Todo eso forma parte de un plan estratégico para llegar a los 50 millones de euros—en el 2009 facturó 33,7 millones—. «Y es un plan estratégico de todos, no solo el del jefe». En esa tormenta de ideas «definimos que todo lo que se puede mecanizar, se mecaniza: trabajamos para crecer en maquinaria, no en personas»; y salieron también «una lista de más de veinte posibles nuevos productos».

Lloreda preside un comité de dirección en el que hay un director de sistema integrado de gestión: «Es el departamento raro, pero decidimos jugárnosla: no es una función de policía, sino que ayuda a hacer las cosas bien en toda la empresa».

Lloreda emplea a algo más de 80 personas, y un día decidió tener una guardería propia, donde cuidan a los hijos más pequeños de los empleados, normalmente hasta el año y medio: «¿Sabes la satisfacción que da ver a los padres tranquilos porque tienen tan próximos a sus bebés?». «Si tu estás contento, si sientes que te cuidan, que formas parte de un equipo, que tu opinión cuenta, que sabes cuál es tu futuro dentro de la empresa, que no se bloquean tus valores personales..., ¿me fastidiarás o me apoyarás? Esa es mi forma de ver el negocio. Aquí no fichamos porque hay algo más importante que el horario: el compromiso. Otros empresarios me dicen que estoy loco, pero me da igual, porque a mí me funciona». Josep Maria Lloreda tiene una particular y poco habitual manera de llevar su empresa. A su manera, que diría Frank Sinatra.

Su mujer, Elena, le convenció para que se reconciliara con los libros: hace años estudió ingeniería técnica química por las noches, «y desde entonces no he dejado de estudiar: soy auditor medioambiental, cursos de marketing, de innovación, de edición de vídeo, de inglés».

Cuando Lloreda habla de su estilo de dirección, ironiza: «Tengo otras malas costumbres, como comer al menos una vez al año con todos los empleados, en grupos de cinco, y me preguntan todo lo que quieren».

Elena ocupa el despacho de directora de patentes y marcas, contiguo al del presidente. Ella es «un poco la madre de todos, se preocupa de la gente, esta es una empresa familiar». La hija mayor, Meritxell, es médico, y Elisenda cursa empresariales y trabaja en la empresa. «Le he preparado un plan de aprendizaje como me hizo mi padre a mí, para que conozca toda la casa». Lloreda recibe cada mes alguna oferta de multinacionales o de capital riesgo que quieren comprar la empresa. «Escucho, pero aviso de que la respuesta es no. No, porque yo disfruto, puedo tomar decisiones en libertad. Ni mi mujer ni mis hijas quieren vender..., ¿qué haríamos? Y la empresa funciona. Nos aportaría dinero para hacer animaladas, y animaladas ya las hacemos solos...».

# 5. Reinventar el textil desde la moda

**Sita Murt,** *Diseñadora de Esteve Aguilera / Sita Murt*

La firma igualadina de moda Sita Murt materializó a principios de 2010 su apuesta internacional con la apertura de una tienda en París, la primera de la marca fuera de España. Fue un paso que consolida el éxito de la transformación de una empresa histórica de género de punto de Igualada, típica del siglo XX, en una firma de diseño y distribución de moda apta para el siglo XXI.

El momento clave de esta transformación fue hacia 2005, cuando Sita consolidaba su proyecto empresarial como diseñadora de moda, pero al mismo tiempo dejaba atrás la marca Esteve, la de los jerséis de punto que hacían su marido y su suegro y cuya historia se remonta a 1924. «Esta decisión me cuesta, pero entiendo que hay que hacerlo, nos lo dicen los expertos», explicaba en ese momento. Los expertos son los estudios de mercado: los tiempos cambian y las estrategias también.

Pero en realidad, para Sita Murt, el gran cambio se desencadenó con la prematura muerte de su marido, Antoni Esteve, en 1984, en plena crisis del textil. Ella le ayudaba en la empresa familiar, le acompañaba a la fábrica, viajaban a ferias, y pronto entendieron por dónde iría el futuro: a finales de los setenta, con cuatro hijos pequeños, Sita se puso a estudiar diseño y patronaje. Por eso cuando enviudó, «mi suegro me puso al frente del negocio. Debía confiar mucho en mí, y eso me envalentonó».

Sita Murt es Carme, pero con este nombre ni ella se reconoce, porque «ya de pequeña me llamaban "Carmensita" para diferenciarme de mi madre». Nació en 1946 en Igualada, en el seno de una familia dedicada al curtido de pieles. Extrovertida y muy habladora, no puede evitar repasar de arriba abajo a sus interlocutores: ver qué y cómo viste la gente es «mi deformación profesional». «Toda la vida me ha gustado la moda. Ya de pequeña me disfrazaba y siempre he tenido visión comercial de lo que quiere la mujer».

«Es una luchadora, estaba sola en un sector muy difícil y ha salido adelante, mientras otros lloran pero no hacen nada», explica un empresario que conoce y admira su trayectoria. Pero ella se acuerda de «lo mucho que he llorado, pensando que no íbamos a salir adelante». Y de las veces que, estando ella sola al frente del negocio, escuchaba: «claro, como es la nuera del dueño»... o bien, cuando negociaba con un proveedor y este le decía: «muy bien, bonita, pero ahora que venga tu jefe».

Pasados todos esos largos años que acabarían derivando desde los jerséis de punto para hombre a la moda para mujer, la empresa Esteve Aguilera emprendió ese nuevo modelo que potencia las tiendas propias y la exportación, y en el que toma como única marca el nombre de su diseñadora. Con veintiuna tiendas propias en España, una en París, y 1500 puntos de venta en el mundo, facturó 21,5 millones en 2010.

Para Sita Murt, «ser diseñador y empresario es bastante incompatible. A mí me ha ido bien porque tenía la raíz empresarial: hay que saber hacer un muestrario completo, realista y que se pueda vender». La empresa tiene un profesional externo en la dirección general, pero los cuatro hijos ocupan puestos clave, los cuatro empezaron a corretear por la fábrica siendo muy pequeños. «Por eso sentimos el negocio tan próximo —añade uno de ellos, Iago— y hay buen entendimiento: podemos hacer reuniones sin protocolo, decir directamente lo que pensamos». «He sido bastante estricta con ellos —cuenta la madre—. Lo que tienen, se lo han ganado trabajando».

La llegada masiva de producto chino barato no les asusta: «Desde hace años estaba muy claro que pasaría. Estábamos asustados, pero nos preparamos, especializándonos en marca, diseño y tecnología». Mantienen una pequeña fábrica, pero subcontratan parte de su producción. «Cuando el punto está de moda, podrías necesitar hasta seiscientas personas; por eso ha sufrido tanto la industria textil, y también porque hay poco esfuerzo exportador». Precisamente Esteve celebra ahora su entrada en mercados clave como Estados Unidos o Japón. «Llevamos muchos años sembrando en el extranjero, y ahora empezamos a obtener resultados». Sita habla en plural porque se sabe parte de un equipo, que le permitió arriesgar: «Empezamos a hacer inventos, con tejidos, diseños, y salieron bien, pero podían haber salido mal». El resultado salta a la vista: «Hemos llegado a la cuarta generación, ¡dicen que ya no hay peligro de que desaparezca la empresa! Si papá levantara la cabeza...».

# II. Los pioneros de internet

Toda la vida ha habido emprendedores, pero llegó internet y fue como una puerta que se abrió, y detrás no había nada. Y ahora está –casi– todo. Internet ya empieza a tener una trayectoria consolidada, acumula al menos dos décadas de nuevos negocios, pero aún así sigue siendo un foco de rabiosa novedad, de innovación permanente. Todo, y los negocios también, va mucho más rápido desde que está internet.
Mark Zuckerberg (Facebook) solo hay uno; y los fundadores de Google, Larry Page y Sergey Brin, aunque sean dos, por ahora, todavía no tienen demasiados competidores a su altura ni dentro mismo de Estados Unidos, el país de los millones de emprendedores. Sin embargo, antes, la tecnología ya había tenido a emprendedores como Hewlett y Packard, Bill Gates, Steve Jobs...
En el escenario español de las nuevas tecnologías e internet hay también algunas historias de emprendedores consolidados. Aunque ninguna de estas empresas ha llegado al Nasdaq –todavía–, sí que dan mucho de que hablar. Estos son algunos de sus protagonistas.

# 6. Bolsillos llenos y vuelta a empezar

**Eudald Domènech y Antonio González Barros,**
*reincidentes de internet*

Eudald Domènech y Antonio González Barros no son socios en ningún negocio, pero tuvieron un papel muy similar en los orígenes de internet en España en los años noventa: de ahí su presentación conjunta.

Quizá hubieran podido ser estrellas como Jerry Yang y Shawn Fanning, los fundadores de Yahoo! y Napster —estas eran las estrellas mediáticas en el año 2001: con los años, se han fundido en el firmamento tecnológico—. Pero la mayoría de los pioneros de internet en España de esa primera época, los de finales del siglo XX, se quedaron a mitad del camino de ser empresarios, saltaron del tren en marcha con los bolsillos llenos y desaparecieron, difuminados o engullidos por una gran multinacional. De la decena escasa de emprendedores españoles que impulsaron el nuevo invento, casi todos se hicieron millonarios, y muchos andan retirados. Solo unos pocos, aunque ricos, siguen al pie del cañón, buscando ideas, nuevas formas de hacer negocio en la red. Es el caso de Eudald Domènech —Servicom, Telépolis— y Antonio González Barros —Intercom—.

No han trabajado nunca juntos, pero tienen en común el haber estado en el sitio adecuado en el momento justo. El crear y creer en un negocio antes que nadie. Venderlo cuando los visitantes de una web valían su peso en oro. Y volver al mercado, sin problemas de fondos, a buscar nuevas oportunidades. Las de Eudald y Antonio —los dos acaban de estrenarse en los cincuenta— no son historias como las americanas, de niños que cultivaron su ingenio en un garaje. Sus orígenes son mucho menos románticos.

Eudald Domènech estudió para delineante pero al volver de la mili optó por montar una discoteca en Ripoll, y de allí aprendió que lo suyo era la publicidad y el marketing: «Yo soy un creativo», decía. Y fundó Servicom en 1993. Es considerado el primer empresario que vio un enfoque comercial a la red.

«Cuando conocí la multimillonaria venta de Olé a Telefónica tuve una crisis de identidad: tantos años trabajando para crear un negocio y por un momento pensé que nos habíamos equivocado», recuerda Domènech. Quizá fue ese momento de duda lo que provocó después una obstinada voluntad de distanciarse de la cultura del pelotazo. En esa época, el fenómeno Olé, con sus problemas fiscales y judiciales, se convirtió en tabú entre los internautas. Nadie quiso nunca más compararse con Pep Vallès, que también fue un pionero pero al que todos consideran su antítesis, al que se le cargó lo más negativo de internet. Aunque Eudald Domènech dice que no se siente un gurú de internet, en sus explicaciones se recrea en el éxito cosechado a partir de sus decisiones; en su papel fundamental en la creación del gigante holandés WorldOnline —«que nació como una franquicia de Servicom»—; en su apuesta por el negocio de los contenidos frente al del acceso.

Vendió Servicom, y en pocos meses nacía Telépolis, el portal de comunidades que en el verano del 2000 vendió a eresMas por algunos miles de millones de pesetas. Luego inició una nueva etapa hacia la televisión interactiva, un camino que fue muy largo, y como una montaña rusa. Y que le han merecido también el reconocimiento a su tesón, por parte de emprendedores más jóvenes.

«¡Nueve años, nueve! es lo que en InOutTV hemos tardado en tener disponible el dispositivo ideal para desplegar los servicios definidos desde el primer día con David del Val, Marcel Coderch y José Luís Tapia, mis socios cofundadores de InOutTV en el verano de 2001. Nueve años de ilusiones y frustraciones, nueve años de fe en lo que se hace. Al final, la perseverancia suele tener premio». De todo este recorrido, Domènech señala los «muchos errores, algunos de ellos muy dolorosos», hasta dar con el acierto. «En InOutTV, y supongo que a muchos colegas, nos pasa como a las mujeres en el entorno empresarial, que para conseguir lo mismo que su colega masculino tiene que ser el doble de buena e invertir el doble de energía en todo. Así me siento yo».

Pero el resultado de esta carrera de obstáculos ha arrojado ya sus primeros beneficios contables y en 2011 InOutTV ya tiene su plataforma 2.0 de televisión: un descodificador híbrido que permite al usuario gestionar de forma gratuita —o acceder a más servicios por 36 euros al año— los contenidos de televisión digital HD, abiertos o de pago, además de los que se emiten por internet. «Puedes grabar lo que quieras, y verlo cuando quieras. ¡Se acabaron las discusiones familiares por el mando a distancia!», dice Eudald Domènech.

Con el mercado español ya consolidado —20 millones de euros en 2010, previsión de duplicar en 2011—, InOutTV está iniciando su internacionalización: ha constituido InOutTV Asia en Hong Kong y está pendiente de la licencia definitiva para operar en China.

La historia de Antonio González Barros tampoco se fraguó en un plan de empresa de escuela de negocios. González Barros nació en Palamós (Girona), fue administrativo, consultor comercial y vendedor de plazas de aparcamiento. Era inquieto y ponía un anuncio en prensa ofreciéndose a financiar proyectos. Hasta que un día en 1995 encontró, en la misma página donde estaba el suyo, un anuncio de un proyecto que buscaba financiación. Así, Antonio, su hermano Nacho y Joaquim Falgueras —el del otro anuncio—, con lo que recogieron de veintitrés socios —en esos momentos, amigos y familiares—, crearon Intercom, un ISP (proveedor de acceso) que innovó al incorporar consultoría de negocio y de marketing. A finales de ese año se lanzó el primer negocio del grupo, un portal de noticias en nuevas tecnologías, noticias.com. Y en 1997 se creó lo que luego sería Softonic, web de descarga de *software*, y en 1998 Infojobs, fruto de la necesidad de la empresa de encontrar personal cualificado en el incipiente sector de las nuevas tecnologías. En 1999 se formaliza dentro de Intercom el departamento de Desarrollo de Negocio, para impulsar la creación de nuevos proyectos.

En el año 2000, la división de proveedor de Internet se vendió a Cable&Wireless por 2200 millones de pesetas —13,2 millones de euros—. Los que habían sido socios fundadores, y unos cuantos aventureros más, en total más de un centenar, decidieron seguir y crear el Grupo Intercom, que se ha convertido con los años en la mayor incubadora de proyectos alrededor de internet de España. Factura 44 millones de euros y emplea a 700 personas.

Antonio González Barros se considera más empresario, gestor y motivador que visionario. Prefiere hablar de su ilusión de emprender, en lo que parece una vocación casi mística: «Una empresa no es un fin en sí; es un vehículo para hacer felices a las personas. Todos tenemos sueños, y aquí trabajamos para cumplirlos dentro de un marco pactado».

De su experiencia como emprendedor e incubador de emprendedores, define las características de esta *especie* en unas pocas palabras: motivación, gusto por la autonomía, confianza, integridad, humildad, sinceridad y atracción por la tecnología. Y otra aportación, de cosecha propia, sobre el valor de las personas en los proyectos: «un proyecto normalito, con alguien sobresaliente que lo lidere, va bien. Y un proyecto sobresaliente, con alguien mediocre, puede ir mal».

# 7. Un gurú de montaña

**Carlos Barrabés,** *Empresario y experto en innovación. Grupo Barrabés*

Carlos Barrabés es un chico de Benasque que se crió hablando en patués —o benasqués: el dialecto de transición entre el aragonés, el gascón y el catalán—, campechano, «de pocos caprichos» y muchos amigos, y que asegura que no tiene «consciencia de ser un gurú». Aunque un día se puso a sumar... «y habré dado conferencias ante más de 100 000 personas en total».

Carlos Barrabés (1970) se ha convertido en un reconocido experto en innovación, además de empresario, consultor y consejero de pequeñas y de muy grandes empresas. «Innovar no es hacer algo que no hacías, sino hacer algo nuevo que tienes que aprender», dice.

Y todo empezó hacia 1994, cuando montó una de las primeras tiendas del mundo de venta por internet: barrabes.com. «A mi lo que me gusta es ser un *change maker*, alguien que hace que las cosas cambien. Pero no tengo ambición de tener una empresa muy grande, lo que me gusta es crear cosas diferentes y nuevas: estás aquí, lías a tres, y montas un sarao».

Carlos cuenta que estuvo siete años interno en un colegio en Barbastro; la primera vez que salió de Huesca tenía 17 años: «Nos llevaron a Barcelona y vi el mar». Empezó a estudiar Turismo en Zaragoza, y con lo que se sacó enseñando la Pilarica a los turistas, se largó un mes a Estados Unidos. «El *shock* que sufrí al llegar a Nueva York no lo he tenido nunca más. Descubrí el mundo». Volvió a la Ribagorza, continuó sus estudios —«hice todos los exámenes, pero nunca fui a comprobar si aprobé... supongo que sí»—. «Mi hermano José estaba en la mili..., empezamos a pensar..., nosotros dos siempre pensando cosas raras..., entre los dos tenemos un círculo virtuosos de innovación». Y se pusieron a seguir a los coches que entraban en el valle, apuntando las matrículas: «Descubrimos que la gente venía a hacer montaña, pero todas las tiendas eran de esquí». Y abrieron una tienda de montaña en el sótano del bazar que regentaba su padre, y se fueron a la feria de deportes de Munich: «Quince horas en coche, y al llegar no nos dejaban entrar porque pensaban que íbamos a pedir pegatinas. No había españoles..., pero nosotros ya teníamos esa ambición, "¡lo que no sé es por qué la teníamos!"».

Un hecho fundamental en esta historia fue que el prestigioso catedrático de Física de la UB, Pedro Pascual, veraneara en Benasque: allí creó un Centro de Ciencias, y un día se empeñó en enseñarles a los hermanos Barrabés lo que iban a ser las autopistas de la información, «con algo parecido a un *e-mail*». «Nosotros teníamos un ordenador que utilizábamos como caja registradora... y en esos 200 metros caminando de regreso a la tienda, pensamos: ¿por qué no vendemos allí ? No sé cómo lo hicimos..., con unos de Fujitsu y unos prejubilados de Telefónica... Y montamos una web y nos empezó a comprar gente de todo el mundo y nos llamaban de Microsoft, de Intel, para que utilizáramos sus productos porque necesitaban casos de éxito». Eso fue «un chute de imagen» que les permitió materializar su sueño de «ladrillo»: una tienda en Benasque de cinco plantas.

«Soy un convencido de la suerte. Es un tema de posicionamiento. Sin ser un optimista patológico, creo que la suerte tiene que ver con el ecosistema que te montes. Yo he tenido y sigo teniendo mucha suerte..., pero también tengo problemas, ¡me como cada sapo!». Huye de lo de gurú, pero Barrabés reconoce su labor evangelizadora: «Vi claro que lo que hacíamos había que sacarlo a la calle».

Carlos ha evolucionado su discurso, desde los primeros tiempos en los que se dedicaba a explicar internet, y ahora se mueve en temas de innovación: en sus palabras no faltan las referencias a Silicon Valley; —«¡este país necesita emprendedores!».

Desde hace años dedica la mitad de su tiempo a ser consejero asesor de uno de los cinco primeros bancos españoles; está en el consejo asesor de Vodafone España, en la francesa FM Logistic —«la logística me entusiasma», dice—, en Ideas4all —«la compañía de ideas más potente del mundo, creada por Ana María Llopis»—, y colabora con la red de emprendimiento social Asokha. Y lleva barrabes.biz, grupo de consultoría de negocio. Y sus hermanos José y Arturo llevan las diez tiendas, y una editorial de libros de montaña y la revista Cuadernos Técnicos, y la web... Más de 200 personas en total.

«Vengo de un entorno bastante duro, somos espartanos por naturaleza», aunque «mi pasión son las tiendas: me meto en todas, y nunca compro, exceptuando en las de comida rara». Y en las de gadgets tecnológicos: lleva BlackBerry para trabajar, iPhone para disfrutar, también es fan del Android... «Hace tiempo que ya trabajo en la nube», aclara. Vive en Madrid «por los aviones», y aunque le gusta mucho viajar, desde hace algunos años su colección de jaboncitos de hotel está paralizada: sus dos hijos —«¡los he tenido tarde y seguidos!»— le hacen regresar a casa tan pronto como pueda. «Ahora he entendido lo que es sentirse orgulloso». Cuenta que con su mujer, educadora, han pactado que ella se toma un paréntesis, «y está encantada, ¡además aprovecha para pintar, que es lo que le gusta!». «A mí la vida me va llevando», dice Carlos. No hace planes, tiene la ilusión de irse a vivir a Estados Unidos, pero «es más probable que acabe viajando mucho a China. Y si no, me monto un bar en Benasque...».

# 8. Un superviviente.com

**Carlos Blanco,** *Presidente de ITNet*

«A los 13 años hacía el Cubo de Rubik en menos de un minuto, se me daban muy bien las mates y además escribía muy rápido a máquina. Con este perfil, un profesor me recomendó que estudiara la recién creada Formación Profesional de informática».

Entonces Carlos Blanco no tenía ni idea de lo que era un ordenador, pero lo aprendió rápido y nunca más se ha desenganchado. A finales de los noventa fue uno de tantos emprendedores que se lanzaron a la piscina de internet y los negocios puntocom, y hoy es de los que siguen nadando: «Somos los supervivientes, los que no nos rajamos durante la crisis y ahora recogemos los frutos. No creo que seamos más de veinte o treinta los que seguimos —lo decía en 2007— al frente de los mismos negocios con los que empezamos en internet en España».

Blanco montó en 1996 un portal de contenidos sobre fútbol, y ha evolucionado hasta lo que es hoy ITNet, un grupo de creación de servicios y contenidos de ocio en la red.

Lleva puesta la directa, convencido de que el éxito de sus negocios es que «tienen modelos de ingresos claramente definidos». Pero antes estuvo a punto de perderlo todo. Los atentados del 11-S destrozaron la entonces incipiente publicidad en internet: el 12 de septiembre del 2001 Blanco se desayunó un fax de rescisión de contrato de sus tres principales clientes. «Pasamos de facturar 30 000 euros a 0, de una plantilla de veintidos personas quedamos cuatro y tenía que decidir: ¿qué hacemos?».

Cuenta que desde entonces se obsesionó por diversificar, y que de esa experiencia aprendió el que ahora es su valor diferencial: «Pienso a medio plazo». Se recuperó gracias a la venta de contenidos en mensajes SMS y a números 906. «Hubiera podido ganar más dinero en ese negocio. Pero yo seguía creyendo en los portales, es lo que me motivaba, y me dediqué a construir lo que tengo ahora. Empecé a montar portalitos, cada dos o tres meses cositas nuevas para ver cómo funcionan». Esos ingresos que obtenía vendiendo juegos, bromas y tarot en el móvil y en la tele le salvaron las cuentas, pero se cobraron su precio: «Mucha gente no entendía cómo sobreviví en etapas de crisis y se inventaron que estaba en el negocio de los contenidos porno. Pero yo no me metí en el porno porque hay demasiada competencia. En el ocio digital aún hoy tengo poca competencia».

Sus maneras corresponden a esa nueva hornada de empresarios que tienen y manejan sus propias reglas. Más allá del símbolo externo que es no llevar corbata y exprimir al máximo las tecnologías, les une también una forma de relacionarse. Blanco está en contacto con sus socios y empleados a través de las redes sociales, de su blog, y es un gran defensor del *networking*: «Hay que ir a eventos y conferencias. A mis socios de Valencia los conocí en una conferencia», asegura. Por eso es también promotor en España del *First Tuesday*: lo empezó en 1999, cuando en estos encuentros de apariencia informal se tramaron y festejaron algunos de los mayores excesos de la nueva economía, y de nuevo cuando internet volvió a ser negocio, ya dentro de la racionalidad. «Creo en la suerte pero más en el trabajo. La suerte no pasa siete veces», dice Blanco, que se define como un emprendedor que ha sabido delegar. «Estoy en 20 000 saraos, conferencias... Nada puede depender solo de mí, estaríamos muertos».

«Tengo una frase: "Hasta ahora no he inventado nada que no haya inventado otro antes que yo en otro país". Muchas veces he pensado algo desde cero, y cuando investigo, encuentro a alguien que también lo está haciendo. Esto significa que hay que desmitificar el valor de las ideas: la clave no es la idea, sino cómo la ejecutas, el equipo, los socios». Expresa su decepción por la falta de *business angels* en España. «Somos los empresarios de internet que tenemos recursos los que apoyamos a los nuevos emprendedores».

Y anticipando un previsible tirón de los llamados *social games* —juegos sociales— en el mundo, 2011 es el año del lanzamiento internacional de su división Mundijuegos, un portal creado en el 2004 y que en España cuenta con cinco millones de usuarios registrados —a principios de 2011—. Es una plataforma multijugador de juegos tradicionales: póquer, bingo, brisca, tute, mus, cinquillo, chúpate2, parchís o ajedrez. «Empezamos con las versiones en francés, italiano, brasileño y rumano: adaptamos juegos locales de cada país, pero en general el tipo de juegos en este entorno latino se parece mucho». Del total de registrados en Mundijuegos, dos millones de usuarios juegan cada mes: 1,9 millones lo hacen en las versiones gratuitas, y solo unos 100 000 —y creciendo— pagan por la versión completa, unos tres euros al mes. Es una cantidad suficiente para que Mundijuegos prevea acercarse a los cuatro millones de euros en 2011 —cerca del doble que en el 2010— y aspirar a diez millones en el 2013. «Estamos trabajando para dar entidad propia a esta división y convertirla en el líder del sur de Europa y Latinoamérica», declara Carlos Blanco. Curiosamente, el perfil de usuario de juegos sociales es «el 80% de la gente a la que no le gustan los videojuegos: la mayoría son mujeres entre 25 y 40 años». Mundijuegos se ha convertido en la joya de la corona de ITNet, al que aporta cerca de la mitad de los ingresos. En el 2010 el grupo facturó 3,5 millones —tres millones en el 2009—, emplea a 65 personas, «y creciendo»; más 15 en Valencia, en un estudio de desarrollo de videojuegos.

ITNet se ha convertido en un holding que participa en más de veinte compañías, explica Blanco. Otra división es Ociomedia, de páginas de contenidos como Pequejuegos, Nosotras.com, o ServiFútbol —origen del grupo en 1996—. Otras son RSystem, que da los servicios al grupo y que está planteando abrirse a trabajar para terceros, y Aztive, de micropagos. Además, ITNet tiene el 50% de DescargasOnline —TusJuegos.com— y una cartera de 11 000 dominios —que puso a la venta por tres millones de euros pero, al no encontrar comprador, mantiene, «y el mercado se ha reactivado, con una rentabilidad del 40%», dice Blanco—. También participa como inversor en *startups*.

# 9. La estrella de internet que primero logró beneficios

**Javier Pérez-Tenessa,** *Consejero Delegado de eDreams*

eDreams fue la primera agencia de viajes *online* en ofrecer sus servicios en España y se convirtió en un modelo mundial de la nueva economía.

Cuando internet era el sector de moda y de todos los excesos, se consideró uno de los españoles más influyentes. Javier Pérez-Tenessa, joven y con un currículum brillante, como sacado de un manual, fue portada en revistas y hablaban de él los más diversos medios, desde *Time* a *The Wall Street Journal*. Eso fue por allá el cambio de siglo; los negocios de internet realizaron su particular travesía en el desierto, y la mayoría de los que estaban se ha quedado por el camino. Pero eDreams se convirtió en una de las primeras empresas surgidas antes de la burbuja en consolidarse en su sector, en este caso, el de las agencias de viajes. En una entrevista realizada en el momento en el que la compañía ya podía enseñar orgullosa sus cuentas, Pérez-Tenessa lamentaba «haber tenido que oír eso de que en internet todos son timadores».

Más de diez años después de su fundación, eDreams ha conseguido ocupar el segundo puesto entre las agencias de viajes *online* europeas y se ha consolidado como la mayor compañía de comercio electrónico de España.

«A nosotros no nos dio tiempo de perder la cabeza: cuando se ganaba dinero era en las salidas a bolsa. Pero hicimos una empresa y nos pusimos a trabajar como locos», contaba Javier en 2004.

Fue en 1999 cuando dos chicos salidos de Stanford, con pinta de estudiantes formales, pero ya cargados de dinero, llegaron a Barcelona con ganas de comerse el mundo. Javier Pérez-Tenessa y James Hare habían convencido a varios fondos de inversión de referencia mundial para que les confiaran la nada desestimable cifra de 35 millones de dólares. «Javier era un entusiasta y gran vendedor de su proyecto. Y ha resultado ser también un gran gestor, un empresario de verdad», decía Pedro de Esteban —actual director general de Carlyle en España y que entonces estaba en el fondo Europe@web y era presidente de eDreams—: «yo fui su primer inversor».

«Para nuestra sede europea no era una cuestión de elegir entre Madrid o Barcelona, sino entre Barcelona o Londres: buscábamos una ciudad con servicios y comunicaciones y además con calidad de vida suficiente para atraer a gente de todo el mundo; es difícil competir con Silicon Valley porque allí se vive muy bien», aclara Pérez-Tenessa.

Muchas de las cosas que apoyaron el nacimiento de eDreams surgieron en esa universidad estadounidense a la que Javier Pérez-Tenessa llegó para estudiar un MBA gracias a una beca de La Caixa: «Tuve suerte de ir a Stanford: allí está el núcleo del *venture capital*. Y te das cuenta que todo es posible: cualquiera como nosotros puede hacer cosas y tener éxito».

«Siempre he valorado mucho la meritocracia y he huido del amiguismo. Yo creo que me lo he trabajado bastante». Javier Pérez-Tenessa De Block nació en 1967 en México, donde se había desplazado su familia. De padre español y madre francesa, ha hecho de la multiculturalidad uno de los epígrafes destacados de su currículum: «he vivido periodos largos en México, España, Francia, Gran Bretaña y Estados Unidos. Me he empapado de culturas y eso marca mis proyectos y mi carácter», explica. Estudió ingeniería aeronáutica en la Politécnica de Madrid —obtuvo el premio de final de carrera— «porque me emocionan las cosas difíciles, que suponen un reto». Entre sus primeros empleos, figura el de guía turístico en la Unión Soviética e instructor de windsurf. Diseñó satélites para Aeroespaciale y United Technologies, y volvió a España como consultor de McKinsey. Hasta que se fue a Stanford, en 1995: «allí aprendí cómo influir sin mandar». Se quedó en California trabajando para Netscape, la compañía que estaba empezando a cambiar el mundo con su navegador de internet. «Yo iba encaminado a trabajar en una gran empresa. Me iba bien y no tenía por qué cambiar, pero me gusta tomar riesgos y avanzar».

El eDreams de ahora poco se parece al creado en 1999. «Tenía que ser un proyecto muy espectacular para atraer a los inversores. No queríamos cualquier dinero, solo *quality money*, inversores que nos ayudaran a crecer». La empresa prometía ser una agencia de viajes *online* europea, con agentes de información en todo el mundo... que no ha sido.

«Nunca he temido tener que cerrar. Fuimos prudentes con el gasto, y hemos aguantado». eDreams ofrece sus servicios en dieciocho países. «Un mérito ha sido el trabajo en equipo, el método de la escuela de negocios, que no es lo mismo que ser amigos». Eso sí, ha sido casi un requisito contar con gente «entusiasta de internet y con una mentalidad abierta: casi todos hemos vivido y trabajado en otros países». Otro mérito ha sido rodearse de un nutrido grupo de empresarios consolidados, que aportaron solidez al proyecto. Desde 2010 está controlado por el fondo Permira.

«eDreams ha sido la mejor experiencia del mundo: estar en una industria que cambia la manera de hacer las cosas». Y le ha servido también para aprender algo que, aunque parezca obvio, no lo era tanto unos años atrás: «Lo mejor o peor no es la industria en sí, sino que hay empresas buenas y otras malas».

Mauricio Prieto, cofundador y director general de Marketing de eDreams señala: «La aparición de internet ha supuesto una revolución, un antes y un después en la comercialización de viajes». Pocas actividades pueden presumir de un crecimiento tan extraordinario y firme como el experimentado por las agencias de viaje *online* en la última década. De no venderse ningún billete por internet hace diez años, ahora cuatro de cada diez billetes en Europa ya se venden *online* y los analistas apuntan que la cuota se acercará al 50% en 2012. En el ejercicio de 2010 eDreams registró una facturación bruta de 928 millones de euros —creció un 43% en relación a 2009— y contaba con una plantilla de 350 personas de 26 nacionalidades.

# 10. Cualquiera puede comprar cualquier cosa en internet

**Lucas Carné y José Manuel Villanueva,** *Fundadores de Privalia*

A Privalia se le reconoce el mérito —compartido con eDreams en los viajes—, y con alguna otra página de comercio electrónico igualmente pionera, de haber logrado que los españoles perdieran el miedo a comprar a través de internet. La historia de Privalia tiene tanto de visión como de suerte, de haber sabido y podido aprovechar la oportunidad.

«Tenemos suerte de ser unos niños de papá. Sabíamos que si nos quedábamos sin trabajo no pasaríamos hambre, y por eso teníamos una aversión bajísima al riesgo», reconocen Lucas Carné y José Manuel Villanueva, dos de los socios fundadores de Privalia, el club de compras de internet que a finales de 2010, con apenas cinco años de historia, logró protagonizar una operación financiera internacional que le sitúa como referencia entre los clubs de compra *online* en Europa.

Estos dos jóvenes comparten el hecho de ser de buena familia y el haber utilizado ese colchón como trampolín para su vocación emprendedora: un cóctel perfecto que, aliñado con una buena dosis de suerte, les ha permitido saborear muy rápido el éxito. Se conocieron en 1999, cuando los dos trabajaban en la consultora de estrategia americana Bain & Co., en Madrid.

Lucas (Barcelona, 1971) es ingeniero industrial por la UPC, trabajó de becario en la Generalitat de Catalunya y acababa de terminar un máster en el IESE de Barcelona. José Manuel, Jota, (Barcelona, 1976) salió de ESADE.

Lucas estuvo siete años en Bain desarrollando proyectos en México, Brasil, Chicago, hasta que «me di cuenta de que ya no estaba aprendiendo y que la consultoría, como oficio, no me gustaba». José Manuel, tras pasar por Brasil y Londres, dejó Bain para hacerse cargo, desde Galicia, de la filial en España de la distribuidora de New Balance.

En consultoría «te enseñan que el sector no es importante, pero eso no es verdad», dice Carné. «Te ponen en la cabeza que puedes ir a cualquier negocio y cambiarlo. Pero no eres un superhombre, la capacidad de un gestor de influir en un negocio es limitada. Puedes ser un buen conductor, pero debes escoger un buen coche», añade Villanueva. «Y aun así, estando en un buen sector, hemos estado un par de veces a punto de morir en el intento», reconocen.

Los dos tenían ganas «de volver a Barcelona y de emprender» y un colega francés de Villanueva les habló de *vente-privee.com*, un club de ventas *on line* que en Francia ya empezaba a despuntar. Y crearon Privalia.

La familia de José Manuel Villanueva Villalba se dedica a la hostelería, y él inicialmente montó un negocio de apartamentos turísticos en Barcelona, «pero lo dejé a medias: no es un sector escalable, para vender el doble de habitaciones necesitas invertir en el doble de apartamentos». En cambio, es mucho más excitante tener un negocio que cuenta con más de seis millones de socios/clientes en cuatro países —España, Italia, Brasil y México—, que vende ocho millones de artículos y crece a ritmos de tres dígitos —facturó 168 millones, un 140% más: todos estos datos son de 2010—.

Lucas Carné Carcas, hijo de la dueña del elitista gimnasio femenino Iradier de Barcelona, explica que fue un accidente de moto el detonante de su «vorágine emprendedora: al mismo tiempo arranqué una empresa de gestión documental que fracasó, un centro de terapias que considero un fracaso porque no rentabilicé la inversión, y me di cuenta de que cada minuto que no dedicaba a Privalia era una pérdida enorme». Durante su etapa de consultores percibieron *ingresos* «excepcionales para la edad»: por eso para lanzar Privalia tenían para invertir «160 000 euros cada uno, además de poder estar seis meses sin cobrar y un año y medio con un sueldo cinco veces inferior al que habíamos tenido», relatan.

En Privalia empezaron cuatro socios, pero luego siguieron ellos dos, y enseguida contaron con el apoyo financiero nada menos que de La Caixa —a través de un fondo de capital semilla—, Nauta Capital —entre cuyos socios están fundadores de Cluster— y Martín Cabiedes, un histórico en proyectos de internet. Y desde el principio tenían visión de ser grandes y globales. «Nosotros somos un canal de distribución que vende restos de serie, y siempre vamos de la mano de las marcas. Tenemos que crecer muy rápido: se necesita una gran cantidad de compradores».

En octubre de 2010, Privalia cerró su quinta ronda de financiación en la que consiguió setenta millones de euros —que se suman a los quince millones que la compañía ha acumulado en las cuatro rondas anteriores—, y en la que añadió dos accionistas de prestigio: los fondos Index Ventures —suizo, seguía a Privalia desde el 2007— y General Atlantic —«americano, uno de los grandes, lo fuimos a buscar», cuenta Carné-. Tienen gran interés en el mercado de Brasil, «donde nosotros vamos como una moto»—. Ambos fondos tienen participaciones en empresas significativas de comercio *online* —Atlantic está en la líder estadounidense guilt.com, Index está en la británica Asos y estuvo en Netaporter—. Esta cifra les situó en la liga internacional y les daba acceso a abordar una nueva fase de expansión en Europa occidental y Latinoamérica, para «comprar empresas líderes en mercados grandes», explicaba Carné.

Su intención ha sido convertirse en un jugador activo en la consolidación del sector a nivel internacional. Cada mes que pasa, Privalia acumula cifras de vértigo. Carné y Villanueva lo reconocen: «Hemos tenido suerte: la de encontrar un sector que crece y la de comenzar en España», porque aquí la publicidad por internet era más barata que en el Reino Unido y el coste de captar suscriptores es más bajo. Y aseguran que la crisis no les va mal: «Tenemos más oferta que nunca por parte de las empresas, y los consumidores son sensibles a buscar oportunidades».

Se consideran «unos obreros, llevo toda la vida estudiando y trabajando a tope», dice Lucas. «No soy capaz de pensar dónde estaré dentro de unos años..., pero seguro que trabajando». Y Jota añade: «Mi padre me dice que para comer un plato de sopa ¡no hace falta tanto!». Los dos dedican muchas horas al trabajo porque es lo que les gusta, pero «intentamos vivir intensamente». José Manuel encuentra su «tranquilidad y equilibrio» en el deporte, con sus amigos y viajando. Y Lucas, en «pruebas aventura» de *mountain bike*.

Pensando en el siguiente paso, «no descartamos entrar en un gran grupo o salir a bolsa...». Siempre mirando lejos, sin conformarse con lo que han conseguido. Y ambos apoyaron a principios de 2010 el nacimiento de Groupalia, —empresa de cupones descuento *online*, en un nuevo sector denominado compra colectiva— aprovechando el tirón del fenómeno Groupon en Estados Unidos y su conocimiento en el marketing digital.

# 11. El «chino» del Empordà

**Dídac Lee,** *Fundador de Inspirit*

Su pinta es la que puede tener cualquier emprendedor de Silicon Valley, pero esto no es América. «Como soy exótico y hablo catalán, se me nota más. Es mi diferenciación, aquí me hacen caso. En Estados Unidos o en China paso más inadvertido». Dídac Lee (Figueres, 1974) es uno de los destacados representantes de esa generación de treintañeros que llevan la etiqueta de emprendedores de internet. Ejerce de fundador, inspirador y visionario al frente de Inspirit, que aglutina empresas como Spamina o Conzentra, y que suma 250 personas en Girona, Barcelona, Madrid, Buenos Aires —desarrollo de *software*— y una nueva oficina en Silicon Valley: «Es el embrión de algo que tiene que ser muy grande, me gustaría tener una empresa que cotice en el Nasdaq».

Lee es exótico por sus rasgos orientales: sus padres llegaron de Taiwán a finales de los sesenta, cuando «aquí ser chino era como ser marciano». La madre se doctoró en Filología hispánica en Salamanca, y el padre, periodista, estudiaba Sociología en Madrid. Allí se casaron y, antes de regresar a su país, se enamoraron del Empordà: un holandés tenía en traspaso el primer restaurante chino de la provincia y ellos, que nunca habían pisado una cocina, se lo quedaron —y aún sigue en manos de la familia—.

Dídac debe su nombre a Diego de Pantoja, jesuita que a principios del siglo XVII quiso evangelizar China y sobre quien investigó su madre. «En Figueres sí deben estar hartos de oír que soy un joven emprendedor de origen chino..., porque parece que lo único que he hecho en la vida es ser joven, de origen chino y emprendedor. Pero he hecho más cosas». «Siempre he sido muy inquieto: las cosas nuevas me llaman la atención, quizá porque yo siempre me he sentido diferente: me señalaban por la calle, "¡un chino!". Para mí fue un *shock* cuando a los siete años fui a Taiwán y vi que había tantos como yo».

«Siempre me llamaron la atención los ordenadores. Enseguida entendí a qué quería dedicarme, pero confundí la informática con la creación de empresas de informática». Por eso cuenta que dejó la universidad en segundo, porque estaba desmotivado. Lo que sí hacía era «rebuscar en la sala de prácticas», allí descubrió los proveedores de internet, conoció a los González Barros y se hizo franquiciado de Intercom para Girona. Explica que pidió un crédito de 18 000 euros, a partir del cual ha forjado su leyenda de emprendedor —todavía hoy sospecha que su padre lo avaló en secreto—.

«Iba a los clientes a instalar los accesos y les decía que era un técnico de Barcelona: si hubieran sabido que la empresa era mía, no me habrían hecho caso. Si eres bajito, tienes que subirte a la espalda de alguien para parecer más alto». Ese negocio se acabó cuando entraron las operadoras telefónicas, «y yo reinvertí todo mi dinero en nuevos proyectos: páginas web, servidores». Uno fue Scubastore.com, en 1999, un portal especializado en submarinismo que sigue muy activo.

«Nunca he sido el accionista mayoritario de las empresas que he creado: si te llevas bien, eso da igual». El primer socio que le acompañó fue Venturecap, un fondo constituido por GVC —de los Hortalà Vallvé— y otros inversores particulares. «En el 2002 nos pegamos una castaña: recuerdo la bronca del socio, casi salí llorando: yo vivía en el país de las maravillas, y cambió mi actitud».

Lee hizo un curso de verano para emprendedores en Cambridge y al concurso de proyectos presentó el *software* de seguridad

Spamina: «Mi preocupación era no quedar último, pero gané entre ochenta proyectos. Eso me sirvió para entender que desde aquí se pueden crear proyectos innovadores, igual que Pau Gasol juega y gana en la NBA».

«He aprendido que vale la pena dedicar tiempo a encontrar los socios», dice Dídac Lee. Desde el 2005, el principal accionista de Inspirit es la familia Carulla Ruiz, representada en la presidencia por Lluís Carulla Font —Agrolimen—. «Para mí es como si hubiera fichado por el Barça —dice, asustado por si parece demasiado adulador—. Lo importante es lo que puedo aprender de un referente así». Y de hecho, también ha fichado por el Barça: en 2010 entró a formar parte de la junta directiva que preside Sandro Rosell.

Sus empresas han crecido, pero Lee dice que no ha cambiado demasiado sus hábitos. «Me gusta estar en un garaje: no me siento cómodo cuando la empresa ya está consolidada». Prefiere estar es Inspirit Labs, la incubadora, o se esconde en un despacho prestado en Barcelona. «Tengo capacidad de anticipación —dice—. Lo mío es convertir un plan de empresa en una realidad, y busco socios que lo ejecuten, es la única manera de crear grandes empresas».

Dídac Lee vive en Figueres, «porque es el mejor sitio del mundo para vivir. Lo bastante pequeño para estar tranquilo, bastante grande para tener de todo, y a medio camino entre Shanghai y Silicon Valley». Sufridor y trabajador en el tren que le lleva a Barcelona, suele regresar por la noche, aunque otros días se queda a dormir en casa de su hermano, ejecutivo en una empresa de videojuegos. «Me encantan los videojuegos», dice, y el cine —en casa tiene una sala de proyección—, y el submarinismo y los deportes de aventura. Y disfruta dando clases, charlas, apuntando en su blog. «Solo hablo de emprendimiento, soy monotema. Solo entiendo de innovación y un poco de internacionalización». Su último proyecto es Zyncro, una red social para empresas que creó en 2009. Y para su desarrollo internacional, Dídac Lee incorporó como director general a Lluís Font, personaje con una trayectoria reconocida en los negocios de internet. Font fue cofundador, en el 2000, de la empresa NTR Global, y se retiró de la gestión tras ocho años, habiendo alcanzado los doscientos empleados y una presencia en catorce países, y después de que dos fondos internacionales invirtieran veintidos millones de euros. Font conoce bien el sector: vivió el primer gran desarrollo de internet como director general de AGM Global Company, del grupo Agbar.

Lluís Font corrobora que Dídac Lee es un visionario, «se le ocurren cosas que a mí nunca se me hubieran ocurrido». Lo que Font aporta es la capacidad de gestión y de convertir un proyecto pequeño en una empresa grande: Zyncro, que desarrolla una intranet 2.0, ya tiene oficinas en Japón, Brasil, México, y se prepara en Europa y en China...

Acostumbrado a pasar más tiempo en aviones que en tierra firme, Font considera que la historia de NTR, como la más reciente de Zyncro, deberían formar parte «del concepto de país que queremos: en el sector tecnológico lo que hace falta es crear 2000 empresas. De todas esas cincuenta estarán bien, diez serán muy buenas y una o dos serán una bomba que permitirá a los fondos rentabilizar toda su inversión».

# 12. El héroe de su propia película

**Marc Bonavia,** *Fundador y Director de Marketing de SITmobile*

«En nuestra historia de empresarios hemos acumulado bastantes fracasos: porque no sabíamos lo suficiente, porque no era el momento adecuado, por lo que sea. Pero un fracaso puede ser un preéxito», dice Marc Bonavia, fundador, junto con su primo y amigo Enric Solé, de la empresa de comunicación por móvil SITmobile.

Los dos son de Alella (Barcelona) y treintañeros, pero llevan ya más de diez años de empresarios: su criatura, SITmobile, está especializada en mensajes corporativos y de marketing, además de ser operador de SMS en el mercado mayorista. Cuenta con oficinas comerciales en Barcelona, Madrid, Kochi (India), Santiago de Chile, Manama (Bahrein), Londres, Brasil y Polonia, y facturó 7,3 millones en 2010.

«En realidad soy farmacéutico, y trabajé un año en Holanda en investigación con transgénicos para temas de cáncer. Pero me di cuenta de que no era lo mío», cuenta Marc Bonavia (1976). Al mismo tiempo, Enric Solé (1978) estaba acabando Industriales y tenía el gusanillo de hacer algo... y montaron una empresa.

«Recurrimos a amigos, familia y locos —el concepto conocido como FFF, por las siglas inglesas de *friends, family and fools* — y conseguimos 60 000 euros, pero nosotros entonces éramos unos parásitos en casa de los padres: a los veintipocos años, sin hipoteca, sin hijos, puedes probar cosas y permitirte errores». Marc Bonavia es un convencido posibilista. «Si quieres algo, hazlo. Llegarás adonde te propongas», dice. Es un hábil comunicador y contagia optimismo con su naturalidad y sentido común. Aunque también dice sentirse un poco «sobreexpuesto» por ser la cara visible de una empresa que es ejemplo habitual en los foros de emprendedores. Con tanta energía, Bonavia no teme a la crisis: «Todo emprendedor ha pasado por el ritual iniciático de superar el primer día de un negocio, sin un cliente y con todas las facturas por pagar». En cambio, le encuentra el lado positivo al asunto: «Espero que se recupere ese espíritu emprendedor que parece dormido; el hambre espabila. Echo en falta que la gente tome las riendas y diga: "Yo quiero ser el héroe de mi propia película"».

La primera empresa que crearon Marc y Enric fue un buscador de ofertas en internet, cuando el comercio electrónico era demasiado incipiente, y se los comió la crisis puntocom. «Pero para promocionarnos habíamos empezado a hacer portales de SMS gratis que derivaban a nuestra página, y así entramos en el mundo de las herramientas de comunicación por móvil». Hasta que las operadoras cortaron la gratuidad de los mensajes. «Ya teníamos los SMS, y nos faltaba consolidar un modelo de negocio». Así nació SITmobile, vendiendo SMS a las discotecas del Maresme para que los enviaran a sus clientes felicitando el cumpleaños o invitándoles a una copa gratis. «Nuestra visión fue que las empresas puedan llegar directamente a sus clientes. Pero nos equivocamos al pensar que interesaría a todas las empresas: al principio gustaba pero nadie compraba». Fue fundamental que el Barça les abriera sus puertas. «Nos contrataron porque éramos pequeños y les haríamos el servicio a medida, y eso nos dio mucha imagen y quitó el miedo a otras empresas e instituciones».

Bonavia defiende que, si está bien hecha, la comunicación por móvil no debería molestar nunca. «Hay que hacer la reflexión previa: a mi cliente ¿qué le interesa que yo le comunique?». Por ejemplo, recordar una cita con el médico, el localizador de aerolíneas o una promoción especial para clientes de una tienda. «Tocamos todos los canales de comunicación del móvil: SMS, wap o voz, y también operamos en el mercado mayorista de mensajes». «Lo importante es lo que sabemos hacer bien: y lo que sabemos hacer bien, lo aplicaremos a las nuevas oportunidades que vendrán».

«Somos "juanpalomos" —le gusta decir para justificar su modelo de negocio basado en la creación de mercado—. Estamos orientados a la oportunidad, el nuestro es un modelo escalable, y no necesitamos al capital riesgo para crecer: ellos solo ofrecen gasolina, y lo que necesitamos son motores que tiren del carro, otros emprendedores como nosotros en los mercados a los que vamos».

«SIT es una actitud. La empresa es un terreno de juego donde cada uno desarrolla su talento». Marc se entusiasma en cada una de sus aventuras. En India hizo un primer intento en 2006 en Bangalore, que no funcionó, y en 2009 volvió a empezar de cero en Kochi. «Hay una parte de ahorro de costes, pero no lo es todo. Son tremendamente trabajadores. India es más sinónimo de ambición y estrategia global», dice. Además, los indios tienen buen inglés, «aquí es un problema: queremos salir todos a jugar con chancletas».

«SIT nos está dando grandes oportunidades de ver mundo», dice. Sus viajes tienen siempre componente de placer, que resume en unos *e-mail* crónica para su gente: «Pisa un nido de hormigas, y verás cómo es caminar entre el tráfico de Bombay». Después se subió al avión para abrir en Bahrein, luego en Brasil...

«Siempre nos hemos centrado en el trabajo», reconoce Marc: hasta ahora, «para Enric y para mí, la empresa ha sido nuestra novia. Pero nos lo hemos pasado teta».

Y siguen pasándoselo. A finales de 2010 aterrizaron en Brasil, a través de la fusión con la empresa Maciv Comunicacoes, de São

Paulo. Tras esta operación, el fundador de la compañía brasileña, Miguel Sousa —portugués con una dilatada trayectoria en marketing móvil desarrollada en Alemania y el Reino Unido— pasó a integrarse en el equipo directivo en calidad de consejero delegado del grupo SITmobile, que mantiene su sede central, así como el departamento de investigación y el departamento de pruebas en Barcelona. «Mantenemos nuestra vocación de independencia, pero al crecer vamos necesitando reforzar la estructura directiva de la compañía con profesionales del sector», cuentan Enric Solé y Marc Bonavia, que pasan a ocupar los puestos de presidente y vicepresidente, respectivamente.

SITmobile sigue pensando en planes de crecimiento, enfocados en Sudamérica y África, especialmente en los países de habla hispana y portuguesa, donde no están tan centrados los grandes grupos anglosajones.

# III. ...y otros aventureros de las nuevas tecnologías

Internet y las nuevas tecnologías han creado grandes oportunidades para llevar a cabo grandes proyectos. También han abierto millones de posibilidades para desarrollar ideas nuevas, cosas que nunca nadie ha hecho antes, que empiezan pequeñas, y que, quien sabe... Y es por eso que en este entorno de la tecnología es donde se vive el mayor *boom* de emprendedores.

«Antes (¡hace dos años!) los emprendedores éramos los raros, ahora parecemos los héroes», declara la emprendedora Isabel Sabadí —de la empresa de marketing digital Iris Experience—. Y añade: «El emprendedor de toda la vida, el del pequeño negocio, no necesita mucho. Pero los tecnológicos nacemos sabiendo que hay que ser global: el mercado local de internet es pequeño, y ser global necesita dinero, personas, alianzas internacionales. Necesitamos ecosistema para crecer muy rápido, y no siempre lo encuentras».

En estas empresas, a la dificultad de crear una empresa y encontrar financiación se añade demasiadas veces la complejidad propia que acarrea el nuevo negocio, el nuevo sector: suena a chino, a riesgo, incluso a un actor mal llamado a veces capital riesgo. Pero incluso el capital riesgo necesariamente ha evolucionado hacia esta especialización tecnológica.

# 13. Emprendedores en onda

**Giuseppe Flores D'Arcais y André Vanyi-Robin,** *Fundadores de Adecq Best TV*

Giuseppe Flores d'Arcais y André Vanyi-Robin son dos ciudadanos del mundo y residentes en Barcelona —porque sus mujeres son catalanas— que tienen en común su vocación de emprendedores.

Son los socios fundadores de Adecq Best TV, una empresa creada en 2005 que es un proveedor de *software* para que las cadenas de televisión ofrezcan nuevos servicios y contenidos sobre la plataforma tecnológica de la TDT. En 2011 Giuseppe y André decidieron redefinir sus papeles, después de que en otoño de 2010 integraran Best TV en la británica Motive, en una operación por 5,7 millones de euros y que les permite impulsar a nivel mundial el concepto de TV *anytime* —cuando tú quieras— y *anywhere* —donde tú quieras—.

André y Giuseppe acumulan una larga trayectoria empresarial: «los dos somos muy diferentes, pero congeniamos. Como las dos caras de una moneda».

Giuseppe. Los Flores d'Arcais son una familia italiana de raíces catalanas en la Cerdeña del siglo XV... Giuseppe nació en Padua en 1969 y se crió en Holanda, donde estudió Económicas. Hizo consultoría para ATKearney en Milán, y volvió a Holanda para trabajar en Philips, donde en 1995 le hicieron responsable de productos audiovisuales profesionales (pantallas y proyectores) para *overseas* —ni Estados Unidos, ni Europa ni Asia, sino ¡los países a los que te gusta ir de vacaciones!—. Luego le mandaron a Atlanta, a llevar el marketing global de la división. Y posteriormente a un proyecto piloto de Philips de *ebusiness* en España. «Pero a mí me gusta montar actividades y hacer crecer». Así que lo dejó y creó Nextudio para apoyar a empresas del sector audiovisual a hacer la conversión al medio digital. Fue en ese momento cuando decidió instalarse en Barcelona, y cuando presentó al primer gobierno tripartito de la Generalitat el plan de transición a la TDT. Fue asesor al director general de Medios Audiovisuales, pero cayó el tripartito... «Era una iniciativa pionera, y me llamaron del Ministerio para hacer el plan nacional, aprobado en 2007, para el apagón analógico del 2010».

André. De padre húngaro y madre francesa, André Vanyi-Robin nació en 1971 en Nueva York, y en su currículum dice que se licenció en políticas en Nueva York y en París, y que hizo un máster en Miami; y él añade que conoció a su esposa en un partido de vóley playa en Gavà (Barcelona). «Yo me he arruinado dos veces en la vida: la primera por bobo y la segunda por orgulloso». Y ahora bromea: «En Francia dirían que no hay dos sin tres; pero en España se dice que a la tercera va la vencida». Cuando André estudiaba en Miami, arrancó su primera empresa utilizando las facilidades de crédito a los alumnos: «¡me concedieron 21 tarjetas de crédito, con ellas conseguí mis primeros 55 000 dólares!». Creó VisualCom, que desarrollaba portales de venta para grandes empresas, y dice que llegó a tener 68 empleados y a facturar 2,5 millones de dólares. «La vendí a Fusion, a cambio de acciones. Y un día fuimos con mi mujer al banco, con las acciones, para dar la paga y señal de una casa en Miami, y Fusion había quebrado». Regresaron a Europa. «Buscaba el socialismo —bromea—, pero no lo encontré. Y como tienes que vivir haciendo lo que te gusta, volví a emprender».

En 2005 Giuseppe ayudó a un amigo inglés a reestructurar su empresa, Inlander, y a buscarle un director general: así fue como entrevistó a André, que acabó comprando la empresa —«por 1 euro»—, pero no consiguió reflotarla. Entonces

Giuseppe seguía con proyectos para la Generalitat: «estaba definiendo las bases de Adecq y le pedí a André si quería llevarlo; se había dado cuenta de que las cadenas necesitan entorno legislativo, pero también una nueva forma de hacer televisión: herramientas para cambiar a la televisión digital de forma rentable». Al principio, para generar volumen de negocio, realizaron una exitosa importación de descodificadores de TDT.

André apunta que «cuando le dije a mi mujer que necesitaba dos millones para montar el siguiente negocio, todavía salía humo de las ruinas del negocio anterior...». Al final necesitaron cuatro millones, «pero pudimos porque el proyecto se definió cortando en etapas: si el plan de negocio te dice dos millones, ¿abandonas? No: vas definiendo etapas, y puedes empezar con 3000 euros». La Salle les ayudó con los ingenieros —y sus nóminas—, además de las subvenciones de la Generalitat, el Ministerio, la CAN —Caja Navarra— y *business angels*.

«Nuestro modelo permite democratizar la televisión de calidad. Puedes tener televisión bajo demanda en abierto, por quince euros al mes, no hace falta pagar sesenta». Esto les abre a países emergentes, en Europa del Este, Brasil, Colombia, India, Turquía o Rusia, donde hay más brecha digital. Hasta ahora, sin embargo, Italia ha sido su principal mercado. El mapa español, con 900 canales de televisión —«¡que no se puede sostener!»— está en su objetivo.

Vienen de un crecimiento y esfuerzo vertiginosos. «Aquí el capital riesgo no está desarrollado, y en las TIC no hay consciencia de nuevos modelos de negocio. Por eso fuimos a Londres y encontramos a Motive». En 2011 André asume la dirección general de Best TV, y Giuseppe pasa a director ejecutivo de Motive: «Estamos definiendo cómo afrontar este crecimiento, hay gran interés en el mercado».

André explica su experiencia a chavales de ESO, a través de la *Fundació Escola d'Emprenedors* —Fundación Escuela de Emprendedores—. «Les enseño los bolsillos vacíos. Hay que hablar de los fracasos y de qué harás para superarlos». Aprendido de los excesos y de la euforia, ahora asegura que vive una vida «mucho más medida», con su mujer y sus dos hijos de 10 y 11 años. Añade: «Es importante conocer las limitaciones. Yo no tengo perfil ejecutivo, mis aptitudes son para poner en marcha un proyecto, después otros lo pueden hacer mejor».

Giuseppe se ha pasado más horas en los aviones que pisando suelo, «como en mi época de Philips. Ahora quiero una etapa más tranquila, dedicarme más a la familia»; tiene dos hijas, de 7 y 4 años. «Pero no es fácil encontrar el equilibrio cuando arrancas una empresa. Y el mercado de *software* es competitivo y súper global: no hay otra elección que crecer muy rápido. Si quieres caminar tranquilo, no hagas *software*».

# 14. El *cloud computing* ideado en el instituto

**Pau Garcia-Milà,** *Fundador de EyeOS*

Pau Garcia-Milà, emprendedor y gran comunicador, se ha convertido en estrella del panorama mediático, el niño prodigio del emprendimiento.

La historia emprendedora de Pau y su amigo Marc empieza en el instituto: combinaban sus estudios de bachillerato con su afición por la informática, y cuando acababan las clases en el instituto en Olesa de Montserrat —pueblo cercano a Barcelona— se dedicaban a programar y a hacer páginas web, «pero queríamos hacer algo más grande». Con 17 años, empezaron su proyecto de *software* libre: «Se nos ocurrió hacer un sistema operativo web para acceder a toda la información desde cualquier "aparato"». Eso era en el 2005, dos años antes de que el mundo empezara a hablar del *cloud computing*, la tecnología que permite acceder a la información desde cualquier dispositivo, y que ahora está empezando a cuajar. Pero el mérito es relativo, dice: hace muchos años que se habla del tema, «ya nos lo dice IBM: "Antes de que tú nacieras..."».

Pau Garcia-Milà y Marc Cercós —que nacieron en 1987— crearon en el 2006 la empresa EyeOS, de la que también son socios Daniel Gil, actual jefe de proyectos, y José Carlos Norte, jefe de programación; ninguno pasa de los 25 años. «Cuando salió la primera versión de EyeOS en el 2005, nos criticaron porque decían que no había mercado, que los discos duros iban a ser cada vez más potentes», cuenta Garcia-Milà. Durante un tiempo siguieron diseñando páginas web —su única fuente de financiación, declaran—, pero la explosión de los *netbooks* y de los *smartphones* y del *cloud computing* les ha dado la razón.

Pau pasó seis meses por la facultad de Informática —ha vuelto, pero como ponente—, y Marc dejó los estudios de diseño. A través de contactos familiares, dieron con Pol Watine, que fue emprendedor y directivo de internet en Francia, que ha creído en el proyecto, invirtiendo en el proyecto, y que ha buscado a otro directivo francés, Michel Kisfaludi, quien ha asumido la dirección general de EyeOS. «La nuestra es una aplicación de escritorio web gratuita, que se puede instalar en el propio servidor, eso nos hace diferentes a Google o Microsoft, y disipa las dudas sobre la privacidad de los datos», aclara Garcia-Milà. «Nuestro modelo de negocio se basa en los servicios, las soluciones específicas y el soporte al socio». Trabajan para el sector de la educación, administración pública o grandes empresas que dan servicio a sus clientes a través de EyeOS. Ahora el 90% del negocio lo hacen en España, pero están trabajando en su internacionalización y el escritorio ya se ha traducido a 35 idiomas.

EyeOS detalla que en el 2009 facturó 800 000 euros. «El gran reconocimiento llegó en noviembre de ese año, cuando IBM nos seleccionó como socio estratégico para su proyecto de nueva gama de grandes servidores para el *cloud computing*. Reconoce que el sistema es muy escalable». Luego siguieron muchos premios, y un libro de Pau —*Está todo por hacer. Cuando el mundo se derrumbe, hazte emprendedor*, de Plataforma Editorial—.

A Garcia-Milà le han bautizado como embajador del optimismo: «¡Cuántas veces oímos lo de sois unos ingenuos ¡Pues viva la ingenuidad!: te impulsa», dice en sus ya numerosas entrevistas. O que «Ser muy joven o muy mayor es ventajoso: llamas la atención y tienes poco que perder. Aprecio el fracaso y rechazo el posponer». Y de su discurso nace la definición misma del emprendedor: «Buscamos excusas para no hacer cosas nuevas. Si propones hacer algo nuevo, te dicen: “Esto no va a funcionar,

¡ni lo intentes!". Si lo haces y no funciona: "¡Ya te lo dije!" Y si funciona, te dicen: "Has tenido suerte". En otros sitios, si fracasas se considera que has acumulado experiencia, y si triunfas se te aplaude como a un héroe. Aquí el mayor problema es la actitud de la gente. Vemos al emprendedor como a un pícaro, y si triunfa, como a un explotador».

Y también opina del fracaso: «entiendo que fracasar diez veces es aprender qué diez cosas no debo repetir». Sabe de lo que habla: a los chicos de EyeOs también se les recordará como aquellos que rechazaron, por *mail*, una propuesta para aliarse con otros locos americanos que montaban algo llamado... Twitter.

En 2011 EyeOs consiguió cerrar su primera ronda de financiación, por más de dos millones de euros —entre capital y préstamos blandos— y con la participación de Inveready. Un espaldarazo para consolidar su posición en un mercado en permanente evolución.

## 15. Leyes y jurisprudencia, a un clic

**Lluís Faus,** *Fundador de vLex*

Lluís Faus Tomàs acabó la carrera de derecho y cuenta que pronto se hartó de los archivadores con las fichas intercambiables para ir actualizando las leyes. Era hacia el año 2000, el momento del auge y pinchazo de la burbuja de internet. Lluís cuenta que a él y a su hermano Àngel se les ocurrió empezar a escanear los diarios oficiales, las sentencias, empezaron a licenciar el contenido de editoriales jurídicas... Doce años después, vLex es un proveedor de información jurídica global, por suscripción, y da servicio a bufetes de abogados, empresas, universidades y gobiernos de un buen número de países. —Facturó 3,9 millones en 2010—. «En la base de datos tenemos 57 millones de documentos referenciados de 134 países. De España lo tenemos todo. Y un millón ya son de China», asegura Faus. «Somos una plataforma de contenidos de alto valor: tenemos la legislación, jurisprudencia, formularios de contratos, libros y revistas jurídicas, y noticias de hemerotecas».

«La producción legal mundial es inmensa, pero a nivel español no hay ninguna otra plataforma como nosotros, lo que existen son editoriales. Nuestra plataforma tecnológica es un hecho diferencial, es tan importante como el contenido», añade. La plataforma se traduce a unos trece idiomas, y los contenidos, de forma automática, a muchos más. «El producto nacional interesa sobre todo a los abogados, mientras que el producto global interesa a multinacionales, Administración, universidades, cámaras legislativas, bufetes internacionales...».

De un total de 40 000 clientes, el 73% están en España, y el resto procede de México, Brasil, Estados Unidos, Chile, Colombia, Francia e Italia. Entre los de renombre figuran las universidades de Yale o la Sorbona, el departamento de Comercio de

Estados Unidos, el Tribunal Electoral o el Congreso de Brasil o la Cámara de diputados de Italia. Vía *online* les llegan clientes de Angola o Somalia. «En tres años queremos profundizar el crecimiento en Latinoamérica, con el foco puesto en México y Brasil», donde en 2010 creó filiales comerciales. El objetivo es facturar diez millones en 2013 —y multiplicar por 2,5 las ventas del último año—.

vLex es propiedad de la familia e inversores privados —durante un tiempo tuvo a 3i en el capital—, emplea a setenta personas en España; el *software* se reparte entre Barcelona —seis personas— y Argentina —nueve—. Sumando las delegaciones comerciales, la plantilla se acerca al centenar. En paralelo, vLex ha creado Diariojuridico.com, un canal de información *online* dedicado a reforzar su posicionamiento en el mercado español y que cuenta con 40 000 visitas mensuales.

# 16. La tienda *online*, en Igualada o en Asia

**Màrius Rossell,** *Fundador de Trilogi*

Trilogi es una empresa dedicada exclusivamente a crear tiendas virtuales para empresas: «suyas» son las tiendas en internet de las marcas Punto Blanco, Muji, Seat, Munich, Jocavi o Luna Llena. Trilogi tiene su sede en Igualada (provincia de Barcelona), «pero eso es circunstancial: somos una empresa 100% internet. De hecho, a la mayoría de nuestros clientes no les conocemos cara a cara, hablamos con ellos por teléfono, *e-mail*, Skype...», cuenta Màrius Rossell, director general y fundador de la compañía.

Trilogi fue creada en 1999 por Rossell, quien tiene el 50%, y contó con el apoyo financiero de una familia industrial de Igualada, los Solé Vilanova. No fue hasta el 2007 que la empresa tomó velocidad de crucero, suficiente como para que Rossell dejara en el 2008 su puesto de jefe de proyectos internacionales en Cap Gemini para dedicarse plenamente a la iniciativa.

«Hasta el 2006 fue muy duro, seguimos invirtiendo porque creíamos en el comercio electrónico. Entonces el negocio empezó a despertar, incluso con esta crisis se ha puesto de moda comprar por internet, como demuestra el éxito de los clubs y *outlets online*», añade Rossell. «Incluso algunas de las tiendas que hemos desarrollado están vendiendo más de lo que se esperaban».

En diez años Trilogi ha creado más de 250 tiendas virtuales. Según los datos aportados por la empresa, en el 2007 ingresó poco más de 100 000 euros; fueron 268 000 en el 2008 y en 2010 487 500, con la previsión de superar los 900 000 euros en 2011, año de su despegue internacional: «Nos queremos focalizar en

Asia, porque es una zona emergente y todavía están verdes en comercio electrónico. En España ya se nos reconoce como pioneros, y en Europa los mercados están más maduros».

En febrero de 2011 abrió su oficina en Pequín. «También trabajamos en el Reino Unido. Tenemos socios tecnológicos que llevan la gestión de clientes en cada país», comenta Rossell. El punto fuerte de Trilogi es el *software* propio, capaz de traducirse a cualquier idioma y moneda, además del mantenimiento en el servidor y el posicionamiento. «Si el cliente nos pide el diseño gráfico de la página, también se lo hacemos. Lo subcontratamos a diferentes estudios, porque así evitamos que todas las tiendas hechas por nosotros sean iguales».

Con una inversión acumulada de 100 000 euros y un equipo de diez personas, Trilogi se enfoca a empresas medianas o pequeñas, que quieren diseños personalizados, más completos que las webs plantilla que el usuario adapta.

# 17. Del parking al anuncio digital personalizado

**Thais Ivern,** *cofundadora de ImpactMedia*

ImpactMedia nació en 2003 para gestionar publicidad en aparcamientos pero ha evolucionado hasta especializarse en la publicidad digital: el cambio de enfoque se les ocurrió al poco de fundar la empresa, aunque los precios de las pantallas eran demasiado altos y eso hacía difícil el retorno de la inversión. «En 2009 el precio de las pantallas bajó en picado, y el anunciante estaba ya más preparado», afirma Thais Ivern, cofundadora junto a Javier Lluch y Rafa Martinalós. Finalmente, ImpactMedia empezó a instalar las pantallas digitales a mediados de 2009. Un año después, este negocio ya representaba el 60% de la facturación: la reorientación permitió recuperar la actividad afectada por la caída de la publicidad convencional.

«Nosotros vendemos cápsulas de tiempo: por ejemplo, un espacio de diez segundos cada dos minutos», cuenta Ivern. Esta publicidad dinámica permite, por ejemplo, cambiar a lo largo del día la creatividad de los paneles publicitarios —ahora pantallas— que están ubicadas en las escaleras mecánicas o en los pasillos de un centro comercial. «Un restaurante cafetería puede promocionar a primera hora su oferta de desayuno; después los menús de mediodía, y durante la tarde, la merienda». También permite «anunciar la programación diaria de un canal de televisión, o reaccionar rápidamente a una acción de la competencia. Nosotros nos encargamos de la instalación y también de actualizar los contenidos. Más adelante podrán ser los mismos anunciantes quienes gestionen esta información, tras un proceso de validación». La publicidad digital crece a ritmos de entre el 50 y el 80%: es la última moda en un sector que busca constantemente nuevas formas de captar la atención del comprador, un sector que está en revolución permanente.

En el 2008, ImpactMedia facturó 2,5 millones de euros; bajó a los 2 millones en el 2009, y en el 2010 volvió a los 2,5 millones. Con el *boom* del soporte exterior digital, la firma espera duplicar tamaño. Esta readaptación a las tendencias del mercado convenció también a nuevos inversores: en verano de 2010: ImpactMedia conseguía una ampliación de capital de 1,5 millones de euros para continuar su expansión por España. La compañía gestiona 54 centros comerciales en 2011 —a principios de 2010 eran 21—. Como estrategia, la empresa amplía su red comercial porque se ha propuesto el objetivo de estar en los cien mayores centros comerciales de los 450 que hay en España.

# IV. Y si no es en internet o con internet o por internet, ¿ya no puedo emprender? Grandes oportunidades en los sectores de siempre

¡Siempre se puede emprender! A lo grande, y a pequeña escala. No hay que tener veinte años y ser ingeniero informático para ser emprendedor. Hacen falta ganas e ilusión. Y en los sectores tradicionales se ha demostrado que nadie puede quedarse quieto. Que un pequeño fabricante de calzado puede plantarle cara –al menos en imagen, en moda– a la mismísima Nike. Que un buen producto tiene su mercado en el mundo entero. Que la edad del emprendedor solo es un factor entre los muchos que intervienen a la hora de determinar el éxito de una iniciativa. Y que cualquiera, a cualquier edad, y en cualquier sector, puede romper moldes.

# 18. El becario hizo la multinacional

**Ezequiel Navarro,** *Consejero Delegado de Premo*

Ingeniero industrial especializado en electrónica, Ezequiel Navarro tenía poco más de veinte años cuando en 1995 entró como becario de investigación en un proyecto para Nokia que la empresa catalana de componentes electrónicos Premo desarrollaba en su planta andaluza. Diez años después, Navarro asumía la dirección general, y en el 2007 lideró una operación de la mano del capital riesgo, que le convirtió en consejero delegado y accionista de una empresa que ya tiene poco que ver con la que fue.

Ezequiel Navarro (Málaga, 1974), cuenta: «Premo era una empresa pequeña pero de las importantes del sector», muy especializada en componentes para automoción e industria fotovoltaica. «Hacemos aplicaciones de electromagnetismo: para las distintas ondas de la energía electromagnética se necesitan transformadores, antenas y filtros». Esos primeros años trabajando a mil kilómetros al sur de la central los recuerda como «un periodo bastante anárquico». Navarro fue número uno de su promoción en la universidad. Afirma que no sabía nada de marketing, ni de ventas. «Pero de forma natural me hice cargo de los proyectos de Málaga, fui cogiendo el reto y formándome, y me encargaba de la internacionalización. Es la cultura de la empresa, dar oportunidades a los jóvenes y desde dentro. Al ritmo al que vamos cuesta enganchar a gente de fuera. Y es difícil encontrar gente especializada».

Entre los clientes había una empresa veterinaria de Estados Unidos a la que «vendíamos una microantena para identificar la trazabilidad de los salmones salvajes». Y un día un cliente alemán le habló de sus problemas tecnológicos con el control remoto en las llaves de los coches. «Yo pensé enseguida que nosotros teníamos la microantena, y la automatización del ensamblado de los móviles para Nokia, y resolvimos ese problema». De allí salieron aplicaciones que ahora incluyen en la mayoría de las marcas de automóviles. «Y empezamos a pensar que también se puede hacer así la transmisión de la presión de los neumáticos: lo desarrollamos con una empresa inglesa, y en tres años este sistema se hizo obligatorio en Estados Unidos. Durante cuatro años fue un océano azul, nadie lo había pensado antes».

De entrada Navarro marca distancias, alguien diría que a lo catalán, pero los brotes de chispa andaluza tardan poco en acompañar a su exagerado ceceo. «Estuve haciendo estas cosas, y en el 2000 me llaman los dueños y me vine a Barcelona». Premo fue fundada en 1962 por las familias Gazo y Rodríguez, «era una empresa con el concepto catalán de empresa familiar. Pero sufría de enanismo empresarial, sin poder saltar a la economía global». Le sorprendió que no hubiera «apenas equipo comercial, solo dos personas de I+D, y 400 personas fabricando: ni había espacio para automatizar, perdíamos competitividad». Y con una energía trepidante explica que los dueños le apoyaron en su apuesta «por reforzar con gente muy joven, entonces con poca experiencia pero que hoy ya aportan mucho valor. Y pasamos de hacer lo que nos pedía el cliente y competir por precio, a desarrollar diseño propio, soluciones y aplicar marketing».

A esa velocidad de aceleración, «cinco años creciendo al 15-20%, con un esfuerzo enorme», surgió la necesidad de crecer de forma corporativa. «Nos salió una buena oportunidad en Grenoble. Durante un año creamos el proyecto conjunto, busqué financiación, y al final el francés se vendió a otros. ¡Creí que me suicidaba!». En este caso no resulta un tópico decir que no hay mal que por bien no venga: el fondo al que había acudido hizo una oferta para comprar Premo: «y a los dueños les interesó vender, e hicimos un *leverage buy out*».

Y así es como Premo se ha dibujado su mapa del mundo: en Barcelona y Málaga ya solo fabrica procesos iniciales y los centros se han reconvertido en I+D, que también hace en Grenoble, China e India. El 90% de la fabricación sale de Tánger y China. «Hay que ser global para pillar cacho», dice Navarro.

Pero en el camino siempre hay piedras, o algún socavón. «Estábamos en treinta millones y preparándonos para abordar los cincuenta, cuando estalló Lehman Brothers, el fin de las ayudas a la fotovoltaica, y la industria automovilística canceló todos sus pedidos». De repente las ventas cayeron un 50%, —en el 2009 facturó 17,5 millones—. «Nos quedamos con cara compungida, pero nos pilló con caja y reaccionamos con un plan para aguantar». Ezequiel funciona en tándem con Xavier Pericàs, procedente de la industria del gran consumo y que «mantiene la casa en orden. El equipo directivo nos bajamos un 30% el sueldo, sirvió para alinear al equipo, y lo revisamos todo». En 2010 se recuperaron hasta 22,7 millones de euros.

Ahora Navarro vuelve a pisar el acelerador y su horizonte ya está en sesenta millones en el 2012, si sale alguna compra. «Hace tres años, en una de las ofertas de compra que recibimos, nos enseñaron un mapa del sector en el que salíamos posicionados en el cuadrante pijo, pero con el problema de que no teníamos tamaño suficiente para ser más vaca lechera. Nos gustó mucho este diagnóstico», explica Navarro, aunque al mismo tiempo expresa un temor: «la empresa tiene un traje, y con el crecimiento las costuras se pueden romper». En un año han incorporado a 500 personas —la mayoría en China—.

«Estábamos muy enfocados a la automoción y a la industria fotovoltaica», y han diversificado. El grupo Premo lleva más de diez años trabajando en China, un mercado donde las ventas le están creciendo por encima del 60%. «Más del 40% del total de la producción del grupo se vende en los mercados asiáticos». En India, Premo es fuerte en la venta de transformadores planares para estaciones base de telecomunicaciones. Un tercio de la producción de Premo está destinada al mercado de radiofrecuencia en la electrónica del automóvil: por ejemplo, para la apertura remota del vehículo, o para las antenas de transmisión de la presión de los neumáticos, que se fabrican en Tánger, y con los que «tenemos una cuota superior al 50% del mercado estadounidense», asegura el consejero delegado. Parte del nuevo crecimiento está en la apuesta por nuevos sectores. «En el 2008 empezamos a pensar en el coche eléctrico y nos decían: ¡si no hay mercado!».

Quienes le han visto trabajar cuentan que «sabe ver las oportunidades donde no existen», y coinciden en su curiosidad, su dinamismo y visión optimista de la vida. «Si hubiera nacido sin necesidad de ganarme la vida hubiera estudiado Historia». Igualmente se obliga a hacer posgrados, cursos, porque «es bueno para no creerte que lo sabes todo». Participa en el foro de empresarios *Millora Contínua* —Mejora Continua—, y quizás por sus orígenes, Navarro dice que mantiene la empresa muy en contacto con universidades: «En el tiempo en el que el talento escasea o se puede despistar, es importante tener una antena que te diga: "Oye, aquí hay un tipo que es un fenómeno y tenéis que conocer"».

# 19. Con los pies en el suelo

**Xavier Berneda,** *Director de Marketing de Munich*

«El negocio a veces lo tienes delante y no lo ves», dice Xavier Berneda, Director de marketing de Berneda S.A., la empresa de Capellades (Barcelona) fabricante de la marca de material deportivo Munich y reconvertida en icono de calzado de moda. Xavier huele el negocio por allá donde pasa y no desaprovecha ninguna oportunidad para vender. «Me lo paso bien, dice. Un día vino un tipo para hacernos el vídeo para la web, y salió de aquí con 40 pares de zapatillas, que compró como regalo de Navidad para sus *celebrities*».

Xavier Berneda i Martín (1971) es la cara visible de la nueva Munich, la que salió de la reconversión que los Berneda acometieron a finales de los años noventa en la empresa que había fundado el abuelo en 1939, en Sant Boi de Llobregat (Barcelona), para hacer calzado para fútbol, fútbol sala, balonmano, atletismo y boxeo. «Teníamos una fábrica con unas 35 personas y había que hacer algo para mantenerla. Las zapatillas de deporte las fabricábamos en Asia para ser competitivos, pero entonces, ¿qué hacíamos con la fábrica? Valoramos opciones, como producir calzado de hospital, para gente mayor, o entrar en la moda. Y nos lanzamos a la piscina: la moda era la opción más difícil, la que necesitaba más inversión, pero también la más atractiva». Y ahora en la fábrica trabajan más de 50 personas, aunque debido al rápido crecimiento de la empresa, la producción se complementa en el Magreb y Asia.

La empresa es propiedad de las dos ramas de la segunda generación. Francesc Berneda es el presidente, «todo pasa por él, pero dice ok a todo, porque hasta ahora no nos hemos equivocado». El día a día lo llevan sus hijos Xavier, la vertiente comercial y de marketing, y David que es el director financiero.

La madre y la otra hija están también «al pie del cañón», llevando otro negocio de tiendas de deporte.

«Nosotros vendemos perfume», repite Xavier Berneda en la que es su forma de decir lo etérea que es la moda. Munich ha conseguido lo que muchos apenas se atreven a soñar: ser una marca deseada, posicionada en el segmento más alto del mercado, y lo han hecho «reeditando modelos antiguos. Lo hicimos nosotros solos, analizando la competencia, viendo lo que había en el mercado». El gran empujón vino de Italia: «Estábamos en el momento adecuado en el sitio adecuado, y encontramos a la persona adecuada: un distribuidor que es un socio estratégico y que nos ha posicionado en las mejores tiendas de Italia: no buscamos volumen, sino calidad».

Berneda es muy habilidoso y con su entusiasmo y un par de zapatillas siempre a punto, crea fieles a su marca y se abre puertas por el mundo. «No es el pez grande el que se come al pequeño: sino que el pez pequeño es más rápido que el grande. En un mundo tan globalizado, el futuro es la personalización». Munich vende tres modelos de zapatillas, solo tres, pero los ha sacado en más de 600 versiones distintas. «Nos reinventamos, pero vamos muy despacio en todo».

Xavier Berneda habla con mucho cuidado de sus proveedores; «son más que eso: son socios estratégicos. Si nos dan lo mejor de lo suyo, mi producto también será mejor. En moda no vendemos por precio». Xavier es directo y vehemente: «Mi principal defecto es que no tengo estudios», dice, pero defiende lo que ello significa: «Empecé aquí a los 17 años limpiando y haciendo zapatos, aprendiendo el oficio». Le mandaron unos meses a Alicante, a conocer el proceso de vulcanización —suelas de caucho—, y también a un curtidor de Igualada para conocer la piel, «ahora es un proveedor nuestro». Acompañó al representante a vender material deportivo; negociaba la promoción de la marca con deportistas; acabada la mili se fue a China a buscar proveedores. Y entró en el marketing y producto.

Le mueve un sentido muy pragmático de la vida y de los negocios y mantiene los pies en el suelo. «Ahora tengo un buen coche, pero es el primero que estreno. La empresa facturó veintiocho millones de euros en 2010. Podría conducir un Cayenne, pero no tiene sentido invertir tanto en algo que al día siguiente ya pierde mucho valor». A Berneda también le va ser crítico consigo mismo: «cuando me escucho en entrevistas, no me gusto, tengo un punto de soberbia, de chulería; pero mis amigos me dicen que no es para tanto, y que al menos yo puedo hablar desde el éxito».

Viaja muchísimo, por trabajo, y también para volar en parapente, su gran afición. «A veces pienso si es incompatible ser buen empresario y buen padre», aunque añade que a sus tres hijos intenta enseñarles «que las cosas tienen un valor y que hay que ganárselas».

«No voy a la moda, pero he hecho de la necesidad virtud: no he entrado en la vorágine de los *fashion victims* —víctimas de la moda—, pero sí me he tenido que rodear de gente para impregnarme de moda». Está preocupado por lo que dicen los gurús del consumo, por las tendencias y la tecnología. «Preparamos las colecciones a un año vista, antes de saber lo que se venderá. Si somos capaces de gestionar bien la información, podemos acertar mejor, y sale más barato que grandes estudios de mercado».

# 20. Nariz para los negocios

**Santiago Sabatés,** *Fundador y Consejero Delegado de Eurofragance*

Una parte de la empresa huele a suavizante, a colonia, a detergente. La otra huele a yogur de fresa, a sopa o a pollo al curry. Eurofragance se dedica a las fragancias para perfumería y detergentes, y a aromas para alimentación; es una empresa familiar catalana, con sede en Rubí (Barcelona), que exporta el 80% y tiene una peculiar historia desde que fue fundada en 1990 por Santiago Sabatés.

Un olor importante en Eurofragance es el aceite de madera de agar, conocido como el perfume de Arabia —que es el líquido que segrega un árbol ante el ataque de un hongo; quedan muy pocos de estos árboles, en el Sudeste Asiático y están en vías de extinción—. El olor denso del agar se paga por miles de dólares y en Eurofragance compran el aceite destilado para elaborar fragancias orientales, porque en Oriente Medio es donde la compañía realiza la mitad de sus ventas. «Al principio me pasaba seis o siete meses fuera de casa. Si quieres hacer negocios en un país y, aún más, si les vas a vender cosas que tienen que ver con la manera de vivir, debes saber cómo se organizan socialmente, cómo hacen negocios», aclara Sabatés.

Santiago Sabatés (Barcelona, 1964) creció rodeado de muestras «con notas florales, de lavanda». Su padre, Jordi Sabatés, trabajó veinte años en Lucta, donde fue jefe internacional de ventas. Los sábados le acompañaba a visitar clientes: recuerda un olor para un jabón del señor Camp de Granollers, o el aroma de vainilla para las galletas Marbú.

En 1983, Jordi Sabatés y otros dos socios del sector, Arcadi Boix y Francisco Carbonell, montaron su propia empresa, Rossyl. Santiago «siempre había dicho que nunca trabajaría en el negocio familiar», y por eso estudió Ciencias de la Información; pero comenzó a ayudarles preparando paquetes para la exportación, y se dio cuenta de que eso le gustaba mucho. Así que empezó como comercial por España, y luego acompañando a Boix en sus viajes por Oriente. «Y empecé a envenenarme de esos mercados», dice. Hasta que un día Santiago decidió montar su propia empresa, porque quería «un proyecto a largo plazo». «Tenía 3000 euros de la época, mi coche y un fax. Y mi padre me preguntó: ¿te parece bien si me vengo a trabajar contigo?».

Santiago Sabatés montó Eurofragance en 1990. «Los primeros tres años fueron muy duros, nos pilló la crisis postolímpica, llovían los impagados, los gastos financieros al 14%...», recuerda. Tuvieron suerte de contar con el apoyo de un par de clientes y amigos, luego la empresa volvió a ser toda familiar, con la incorporación también de los cuatro hermanos de Santiago: «Se lo consulto todo, y normalmente los convenzo, pero al final mando yo, ¡soy el fundador!». Y añade: «Durante la primera década mi padre tuvo un papel relevante, de cara a los empleados era el referente. Pero a mí siempre me trató como a un socio». Y a los 64 se jubiló —«y no ha vuelto, pero está contento si crecemos y damos dividendos»—.

Eurofragance apostó desde el principio por la exportación, luego llegaron las filiales, después la diversificación en aromas en una unidad de negocio diferenciada. «La firma está acostumbrada a crecer a dos dígitos», asegura, y en los últimos años de terremoto mundial «apenas ha tenido que pasar unos meses raros». En julio de 2010 Eurofragance dio entrada a Banc Sabadell, a través de Aurica XXI, como socio financiero con el 25%, por un importe no hecho público. «Queríamos acelerar el crecimiento. Y es como si tuviera una firma de M&A —fusiones y adquisiciones— en plantilla. Tenemos que ir a mercados donde aún no estamos, como Estados Unidos, India y Brasil, y consolidarnos en China». En el 2010 facturó 32 millones de euros, un 47% más. «Por la exportación, y también en España: estamos focalizados en empresas muy exportadoras, y en el líder de marca blanca». Pero, sobre todo, por Oriente. «Vendemos a fabricantes de perfumes locales, les gustan un tipo de olores que las multinacionales no fabrican». O el sabor a gamba para las patatas fritas Lays, que le venden a Pepsico en Egipto.

Sabatés dice que los negociadores más listos son los árabes, y los más duros, los rusos. «Recuerdo un árabe que tras cuatro horas de reunión paró para ir a rezar, pero antes me dejó la calculadora y dijo: "Echa cuentas y llegarás al precio que te estoy pidiendo"». Ahora Santiago viaja, «¡pero no tanto!». «Tenemos equipos grandes en los países. Mis viajes ya no son tan divertidos, ¡ahora voy de comparsa! Hago visitas de cortesía, pero no llevo las negociaciones, porque los clientes saben que al dueño pueden sacarle más». Sabatés insiste en que «la familia tiene vocación de permanencia, pero no en la gestión».

# 21. El reinventor del cobre

**Oriol Guixà Arderiu,** *Consejero Delegado de La Farga Group*

Como director de I+D y del equipo de competición de Montesa, lo suyo eran las motos de trial. Pero Oriol Guixà Arderiu (Barcelona, 1952) simultaneaba su trabajo de ingeniero con el asesoramiento empresarial en el bufete de abogados del que era socio su suegro, «porque soy activo e inquieto». Así fue como hacia el año 1980 escribió un plan de saneamiento de una empresa en crisis y acabó convirtiéndose en su reflotador, consejero delegado y principal accionista. Esa empresa era La Farga Lacambra: despegó tras la reconversión, pero todavía mantiene el nombre de la familia que inició este negocio del cobre en 1808, hace dos siglos.

Ahora el cobre es un material codiciado en todo el mundo, y su cotización está por las nubes. «Pero a finales de los setenta estaba muy tocado, como tantos otros sectores. Cuando entramos, ni los sindicatos confiaban en nosotros, Comisiones Obreras dijo que era un proyecto inviable y que estábamos locos», recuerda Guixà. Esa no fue la primera vez que salió adelante contra pronóstico. «Cuando yo tenía trece años, los profesores dijeron a mis padres que yo no serviría para estudiar, que lo dejara». Guixà empezó ingeniería industrial en Barcelona, y el segundo año se fue a Madrid a cursar también ingeniería aeronáutica: dos carreras a la vez.

Tras licenciarse le esperaban en Montesa, empresa de la que su padre era familiar, accionista y consejero. Oriol Guixà practicaba trial desde los 14 años; «cuando tenía 16, con mis amigos nos inventamos los tres días de Santigosa. Estábamos muy metidos, marcamos una época en el trial». Estuvo al frente del equipo de Montesa que con Ulf Karlson consiguió el mundial de 1980, viajaba por todo el mundo... «el trial se inventó hace un siglo en Inglaterra, pero la concepción moderna de la moto se hizo en Catalunya». Montesa también tuvo problemas y llegó Honda. Guixà estaba en el consejo de administración que aprobó la venta, «pero yo no me veía trabajando con los japoneses: funcionan tanto por jerarquía que no creen que alguien que esté por debajo pueda tener una buena idea».

Entonces dejó Montesa y se centró en La Farga: «cuando entramos, la empresa debía dinero incluso a los clientes». Los abogados diseñaron la nueva estructura jurídica, «y yo intenté conocer el estado de la ciencia en este sector: durante medio año estuve en Japón, Estados Unidos, Sudáfrica, viendo empresas similares a la nuestra y fabricantes de maquinaria». Cuenta que fue así como se le ocurrió que podía innovar y hacer el proceso de colada continua para fabricar semielaborados de cobre a partir de cobre reciclado, y no de mina como hacía todo el mundo. «Fue una intuición fruto de la necesidad. Alquilé tres semanas una planta en Turquía para hacer pruebas, y salió bien».

Se acuerda muy bien que la primera colada procedente de cobre reciclado salió el 16 de abril de 1986, «porque arrancando ese proyecto perdí diez kilos». Entonces, dice, «se nos abrió el mundo: teníamos capacidad para hacer rentable la compañía y para vender la tecnología». En alianza con un industrial italiano, han equipado ya veintisiete plantas en quince países con su tecnología. Pero por el camino tuvieron otro tropezón: «Nos pensamos que éramos los reyes del mambo, crecimos sin tener en cuenta todos los parámetros financieros, y en 1993 suspendimos pagos. Es la experiencia más dura de mi vida. Haces mucho daño a mucha gente y no tienes capacidad para rectificar». La solución vino de la mano de un grupo inglés, IBP, que compró un tercio de la compañía.

Pero Guixà y su suegro Vicente Fisas han tenido siempre vocación de empresa familiar: del capital de La Farga salieron los otros socios del bufete Castejón, después la condesa de Lacambra y sus herederos. IBP vendió también sus acciones, pasó otro socio financiero, ABN Ambro. Después de todo, entre sus planes no figura la entrada de externos en el capital. «Enseguida hicimos un protocolo familiar. Mi suegro tiene doce hijos, yo tengo cinco. Nosotros siempre hemos tenido muy buena relación porque cada uno cuida de lo suyo. Pero el futuro hay que dejarlo bien montado». A sus cinco hijos les dice que «primero tienen que formarse y hacer el rodaje fuera. Si entran en la empresa que sea por su valía, y eso se demuestra en el mercado libre».

Hasta el 2004 la cotización del cobre estaba estable; entonces «los especuladores se dieron cuenta de que los mercados emergentes necesitarían mucha materia prima para crecer, y han puesto el cobre por las nubes». Por eso el robo de cobre es tantas veces noticia de sucesos. «Vienen los Mossos d'Esquadra —la policía catalana— a la fábrica para que les contemos cómo funciona. Nosotros tenemos miles de toneladas de chatarra de cobre. Un camión robado lleva veinte toneladas; puede ser que acabe llegando a nosotros, pero es imposible de saber...».

Con su tecnología propia de colada continua con cobre reciclado, La Farga Lacambra se ha convertido en el primer recuperador de cobre del sur de Europa; «de la planta que compramos no queda nada, solo los edificios». La Farga Group facturó 900 millones de euros en el 2010 —550 millones en el 2009—, con un volumen de producción de 190 000 toneladas. Para el 2011, la previsión era de 1500 millones de euros de facturación y 230 000 toneladas. El grupo está integrado por cuatro compañías (La Farga Lacambra, La Farga Tub, La Farga Rod, y La Farga Intec).

El momento de la internacionalización llegó en 2011: una planta en China —con socios locales—, con inversión de ocho millones de dólares y dedicada a la electrificación de líneas de ferrocarril. Y el acuerdo para invertir 40 millones de dólares en Estados Unidos, de la mano del grupo cotizado Steel Dynamics, en una planta en Indiana para fabricar alambrón de cobre procedente de material reciclado. «Es un logro construir una fábrica en el país más industrializado del mundo y en un sector maduro», afirma Guixà.

# 22. Volver a empezar con el súper

**Silvio Elías,** *Director General de Veritas*

Silvio Elías se llama igual que su padre, que, junto a los Botet y los Carbó, fue uno de los socios fundadores de la cadena de supermercados Caprabo. Silvio Elías de Gispert (Barcelona, 1973) ha desarrollado prácticamente toda su carrera en la gran distribución: primero en Ahold, cuando la cadena de supermercados holandesa era socio de la catalana; después en Caprabo, donde fue el artífice de capraboacasa.com —el portal de venta por internet de Caprabo—, y desde el 2002 liderando Veritas, la mayor cadena de supermercados ecológicos en España.

En este proyecto, Elías cuenta con la participación de tres familias amigas —unidas por el paso de su generación joven por la escuela de negocios ESADE—: la de Josep Pont (de Borges), los Torrecilla (industriales de Sabadell) y los Martí (el que fuera directivo de la cadena Gigante, en México). No es extraño pues que a Silvio Elías Jr., el fantasma de ser «hijo de papá», le haya acompañado siempre, pero él ha intentado ganarle y asegura que le lleva ya distancia. «El apellido era un reto, yo lo que quería era ganarme a la gente, y nunca he tenido ningún problema».

Silvio Elías está sumergido en la conciencia ecológica: «El producto ecológico no es el objetivo, sino el instrumento para la gente que demanda producto bueno y saludable». Y por eso explica que «al principio de Veritas no acertamos con el mensaje. Hasta que cambiamos el subtítulo, "productos ecológicos", por "comida de verdad". Entonces sonó la flauta: dejamos de ser una tienda para hippies y gente extraña y empezó a entrar gente que nunca había entrado antes».

Elías explica que todos sus trabajos han sido retos: «Siempre que alguien me decía: "¿estás seguro? No lo hagas que no funcionará...", es cuando más me he enganchado». Aunque reconoce que le costó un poco encontrar su vocación. Estudió Dirección y Administración de Empresas en ESADE, el último año lo pasó en Vancouver y a la vuelta «me puse de consultor en Arthur Andersen, para ver empresas de sectores diferentes e inspirarme». Allí se acabó de decantar por la vertiente comercial, «que de hecho es lo que ya llevaba en la sangre». Coincidió que en esos momentos Caprabo negociaba una *joint venture* con la holandesa Ahold, y en las muchas reuniones que celebraron, conoció a la junta de Ahold. «Uno de ellos tuvo buena amistad con mi padre. Su hija hizo un *stage* en Caprabo, y yo a él le caí en gracia y me invitó a ir a formarme a Holanda». Elías reconoce que esa oportunidad «me vino demasiado pronto, me hubiera gustado tener más recorrido, pero la propuesta era fantástica», y en 1997 se fue a Amsterdam, donde realizó proyectos en los supermercados Albert Heijn.

El sector no le era nuevo, porque durante tres veranos ya estuvo trabajando en él: en 1992 hizo de reponedor en el Caprabo de Castelldefels, «allí venía a comprar el equipo olímpico de atletismo de Estados Unidos, veía a Carl Lewis». El verano siguiente se fue a un supermercado de un pueblo de Irlanda a trabajar de frutero. Y en 1994 realizó una estancia de un mes en Cobega, concesionaria de Coca Cola, propiedad de la familia Daurella. «Trabajaba para pagarme la visita al Reading Festival en septiembre. Me encanta la música, de pequeño soñaba con ser estrella del rock».

Cuando llevaba un año en Holanda, se rompió la alianza con Ahold, y le llamó su padre: «Nos haces falta. Estamos creciendo...». Volvió y lanzó la división de venta por internet, «lo diseñé de principio a fin». Pero entre tanto, un amigo de ESADE, Carles Torrecilla, le habló de productos ecológicos. «Hicimos un estudio de mercado: había que abrir tiendas, educar al consumidor, bajar precios. Y decidimos que podíamos hacerlo». Aceptó liderar el proyecto, «a pesar de que representaba dejar un transatlántico para pilotar una barquita, y si viene una ola...». Años después de la venta de Caprabo, que vivió «con tristeza», afirma que «Veritas me vuelve a dar el calor de la empresa familiar». Dice que le recuerda a lo que contaba su padre del inicio del autoservicio, en los 60: «La alimentación ecológica es un nicho, es un mercado de demanda; parece insólito en un sector de alimentación hipermaduro». Facturó 17,3 millones de euros en 2010, con un crecimiento del 11%. La previsión es acabar 2011 con veintitrés establecimientos propios, dos *corners* y la tienda *online*, y situarse con todo ello en casi veinte millones de euros.

Y cuando Elías ofrece un apetitoso cruasán, explica: «No lleva grasas vegetales hidrogenadas, sino mantequilla; engorda igual pero se metaboliza bien y no quedan residuos negativos para el cuerpo». Si algo ha recopilado en todo este tiempo es mucha información. Aunque reconoce que el gran reto de la compañía es concienciar a la gente: «Vendemos 16 tipos de harinas, en el mundo hay más cereales que arroz, trigo y maíz. Y aceite de calabaza, argan, sésamo, cártamo, soja. Pero hay que explicar para qué utilizarlos. Por ejemplo, la harina de garbanzo reboza sin huevo».

Participa poco en asociaciones empresariales, aunque le preocupa mucho que «aquí el empresario no está bien visto. El reconocimiento social se centra en los solidarios y altruistas, pero también lo merece quien crea valor. Empresario no tiene que ser sinónimo de explotador: como en todas las profesiones, hay buenos y malos».

# 23. Mujer, joven y en finanzas: la difícil ecuación

**Maite Barrera,** *Directora General de Bluecap*

«La que has montado siendo una pipiola», le dijo uno de sus clientes. Maite Barrera tenía 31 años cuando fundó una empresa de consultoría estratégica para el sector financiero, Bluecap. Trabaja para las más grandes entidades financieras de España y alguna del extranjero. Y cumplidos los 36, ya empieza a cuestionarse si es necesario vestir ese traje gris que convirtió desde siempre en su uniforme «para parecer mucho mayor», y para que nadie se fijara precisamente en su juventud ni en su ropa. Se lo piensa y, aunque todavía viste traje gris, apunta: «¡Creo que ahora ya me he ganado la seguridad para ir como quiera!». Maite Barrera tiene muy presente una frase de su padre: «La suerte se pega en el sudor», que es lo mismo que decir que la suerte, si llega, mejor que te pille trabajando. Esta mujer pequeñita es puro nervio, y escucharla contar su vida es como asistir al pase de un frenético *thriller* ambientado en las altas finanzas, en la que ella, de avión en avión y de proyecto en proyecto, ha conseguido hacerse escuchar en los despachos del señor presidente, del señor consejero delegado o del señor director general.

Barrera está al frente de un equipo de unas veinte personas, doctorados en Econometría y másters en gestión procedentes de la London School of Economics, del Massachusetts Institute of Technology (MIT), de Michigan, de IESE o ESADE... «Hacemos ciencia y arte», pero necesariamente lo traduce a ejemplos. «Ayudamos a las entidades a decidir qué precio deben tener los préstamos en función del perfil de riesgo de las empresas. Para que cuando un cliente llegue a la oficina, el gestor sepa qué precio le puede ofrecer. Tienes que ser muy bueno en modelos matemáticos, pero también en cómo lo implantas:

por ejemplo, en saber si al gestor de la oficina le das un margen de maniobra, qué objetivos de rentabilidad fijas, qué sistemas de incentivos para motivar a los gestores para dar un buen servicio al cliente y que la entidad consiga buena rentabilidad». En definitiva, lo que ella describe como «otro tipo de consultoría, no solo el diseño, sino el acompañamiento de la puesta en marcha», es un concepto al que llegó después de una intensa trayectoria profesional.

Barrera nació en Girona pero se crió en Tordera, en una familia que reconoce que la ha marcado profundamente. La mediana de tres hermanos, explica que su padre, líder político independiente de la comarca, montó una explotación de vacuno, luego una compañía de autocares, con su esposa siempre a su lado. Desde muy pequeña, Maite empezó a ganarse la vida dando clases de matemáticas a sus compañeras de clase, luego a niños del pueblo, incluso a los veraneantes. «¡Descubrí que era buena en matemáticas y comunicando, que al final es a lo que me dedico!».

Estudió en ESADE al mismo tiempo que llevaba las cuentas de los negocios de la familia, trabajaba en una firma de auditoría y se sacaba el carnet de conducir. «Cuando el último año pasé medio curso en la Anderson School de la UCLA —University of California, Los Angeles—, me parecieron unas vacaciones: ¡solo estudiaba!». A la vuelta se puso a trabajar como consultora en Alpha Corporate, pero los de Argentaria vieron su currículum y la fueron a buscar: tenía 23 años cuando la ficharon para una unidad estratégica. «Analizaba el riesgo basado en el valor de todas las decisiones que pasaban por el comité de dirección: desde las prejubilaciones, a la creación del Uno-e». Pero Argentaria se fusionó con el BBV, apareció la consultora Oliver Wyman y Barrera se fue a Londres. Por el camino había conocido a Paul, un ingeniero aeroespacial holandés que también se dedicaba a la consultoría estratégica para banca. «Nos encontrábamos por el mundo». Fue una etapa de grandes proyectos pero de más aviones. «Tenía la sensación de no tener casa, sino un armario. Hacía maletas para un mes, con ropa para calor y frío... Eso se aguanta lo que se aguanta».

En el 2002 Oliver Wyman abrió oficina en Madrid, «trasladé mi casa-armario, Paul también se vino. Decidimos casarnos, pero seguíamos viajando constantemente... ¡así nunca podríamos construir una familia!». Cuenta que rechazó una gran oferta de un megabanco porque aspiraba a mantener otro ritmo de vida. «Pero me di cuenta de que pasé otro año que profesionalmente fue un diez, y personalmente, fue un desastre». Así que se marchó. «Avisé a la firma que en octubre, cuando acabara el proyecto, me iba. No me creyeron, perdí el bonus, el 70% de mi salario. Pero era la única forma de hacerlo».

Y a finales del 2005 montó su propia empresa. Reconoce que tiene una manera de gestionar muy personalista —«¡escribo a mano unas quinientas felicitaciones de Navidad!»—, pero justifica que su negocio se basa en la empatía y en la confianza. «En todas las empresas en las que he trabajado, lo hacía como si la empresa fuera mía». Y ahora, «Bluecap está llena de amigos, muchos séniors que buscaban más previsión en su vida, clientes más estables. Nosotros lo cuidamos mucho».

En toda esta ascensión pagó un peaje: los dos años de duros tratamientos para que al final le dijeran que no podría tener hijos. «Entonces nos fuimos de vacaciones, y me quedé embarazada. ¡Y tuve tanto miedo de decirlo a los clientes!». Igual que tampoco dice de entrada que Paul —que trabajaba en la competencia y al que Maite consiguió fichar— es su marido, aunque luego tienen muy definidos sus papeles en la empresa. Son padres de dos niños aún muy pequeños, lo que aún les permite vivir a caballo entre Madrid y Barcelona. De hecho a menudo se los llevan, porque han montado un hogar a cada lado del puente aéreo: en Madrid está el grueso del negocio, en Barcelona están clientes importantes pero, sobre todo, la familia. Y, pasado el susto de un problema de salud del pequeño, Maite reflexiona: «Te ayuda a relativizarlo todo, pero hay que vigilar, porque después el día a día se te vuelve a comer».

# V. Más historias para reinventarse (o empezar de nuevo, o darle la vuelta al calcetín)

«El fracaso es la oportunidad de volver a empezar, de forma más inteligente», es uno de esos aforismos del emprendedor, en este caso atribuido a Henry Ford... ¡hace un siglo!

En Estados Unidos, a un emprendedor que ha fracasado se le considera un emprendedor experimentado.

Martin Varsavsky, emprendedor reincidente y contrastado (fue fundador de Jazztel, de Fon, ...), añadiría: «En Estados Unidos piensan que gracias a los empresarios tienen trabajo. En España, que gracias a los empresarios no tienen trabajo. En Estados Unidos se valora el fracaso como camino hacia el éxito, en España no se perdona el éxito».

Muchas veces hemos oído a nuestro alrededor:

*–Si fuera un negocio tan bueno, ya lo habría montado otro antes.*

O bien:

*–¿Cómo sabes que va a funcionar? ¡Si nunca lo ha probado nadie antes!*

La falta de cultura del fracaso, ese rechazo tan latino a equivocarse, frente al concepto anglosajón de la experiencia, aparece como uno de los mayores obstáculos al emprendimiento. Eso no se arregla en un día, ni en un año, ni con unas clases en un máster. Pero hablar de ello puede ayudar. Y hay historias de emprendedores que demuestran que hay negocios a los que se les puede dar la vuelta como a un calcetín, y que sí, que salen bien. Que aunque no lo haya hecho nadie antes, vale la pena arriesgar. «El emprendedor no puede ser pesimista», dijo un reconocidísimo empresario, bragado en mil batallas. El emprendedor siempre tiene que ver la luz al final del túnel, siempre pensar que el vaso está medio lleno –y que acabará de llenarse–.

# 24. Responsabilidad rentable

**Cristian Rovira,** *Consejero Delegado del Grupo SIFU*

«Hemos sido capaces de demostrar que se puede sacar valor a un colectivo de personas que la sociedad históricamente ha discriminado. Pero lo hacemos trabajando lo mejor posible y al mejor precio posible, si no, el mercado nos expulsa». Cristian Rovira es el consejero delegado del Grupo SIFU, que factura 33 millones de euros y emplea a 2500 personas en España y Portugal en servicios a empresas: limpieza, jardinería, conserjería, mensajería interna; en grandes empresas como Endesa, Opencor o MediaMarkt.

«No hay mejor integración que la que proporciona el trabajo», dice Rovira. El 90% de la plantilla de SIFU son personas con alguna disminución física o mental. «El primer día que empezamos en una empresa siempre hay recelos. Tenemos que demostrar que lo sabemos hacer bien, algo que a los competidores se les supone». La ley que obliga a las grandes empresas a tener un 2% de la plantilla con discapacidad, «nos abre la puerta, pero solo nos consolidamos en una empresa si cumplimos con nuestro trabajo. Un negocio no puede depender de una ley».

Cristian Rovira Pardo (Barcelona, 1974) es uno de los cuatro hijos de José Luis Rovira, que fue presidente de la patronal Pimec, ahora con negocios en las repúblicas bálticas, cónsul de Estonia en Barcelona. Cristian estudió administración de empresas en la Universitat Internacional de Catalunya, y «los dos últimos años de carrera ya casi no fui a clase, estaba trabajando». Entre otras cosas, en una empresa de inserción de discapacitados que en 1993 acababa de montar Albert Campabadal —empresario de gasolineras, su hermano era discapacitado—, y que contactó a través de su padre. «Empecé ayudándoles en temas comerciales». Entonces SIFU tenía apenas cincuenta empleados. «Yo tenía claro que quería montar un negocio propio, pero el proyecto me gustó, y al acabar la carrera hice el planteamiento de incorporarme como gerente y socio».

Rovira explica que «no creo en el concepto de la responsabilidad social empresarial que significa distribuir parte de las ganancias, porque sólo funciona cuando las empresas van bien. Yo creo en la responsabilidad social competitiva: que te hace ser más competitivo y que cuando más crece la empresa, más se desarrolla». No es fruto del marketing social, sino de acciones que favorecen al negocio. Asegura que se puede tener un negocio convencional y ayudar a que la sociedad vaya mejor, pero reconoce que es un campo más fácil para la imaginación y la valentía de nuevos proyectos de emprendedores.

«Desde siempre, mi padre me hacía acompañarle a muchos actos. Y recuerdo uno especialmente, debía tener unos 24 años. Fuimos al Círculo de Economía, y me vi rodeado de los grandes empresarios de Catalunya, todos mayores de sesenta años, que me miraban como diciendo: ¿qué hace este aquí? Me sentí muy incómodo». En 2003 había conocido la Asociación de Jóvenes Empresarios de Catalunya —AIJEC— al quedar finalista en el premio al joven emprendedor, y se fue implicando, hasta ser presidente entre 2006 y 2010. No hace tanto tiempo de eso, pero Rovira hace hincapié en que «entonces esto del emprendimiento no estaba nada de moda, nos tocó picar mucha piedra. Ahora la gente se ha dado cuenta de que la figura del emprendedor es importante».

Pero, ¿qué es un emprendedor? «Es alguien que decide hacer sus propio camino, que no acepta el camino marcado. En 2006 teníamos que reivindicar lo que aporta el emprendedor: la innovación, porque tiene la obligación de aportar algo diferente para subsistir, y que es la persona más preparada para salir de la crisis, porque no hay más crisis que empezar una empresa sin clientes y sin saber cómo pagarás las nóminas».

Cuenta que siempre se ha implicado en eso de la sociedad civil: «lo he vivido desde niño. Creo en los valores sociales y en que tenemos una responsabilidad para ayudar a sacar adelante el país. Mientras fue presidente de la AIJEC, estuvo en el comité ejecutivo de la patronal Foment del Treball. «Aprendí cómo funciona realmente el mundo institucional, se parece demasiado a la política. Hay mucha gente que se vende por una silla, y esto no es bueno. Pero también aprendí que ser oposición, decir qué hay que cambiar, es muy fácil. Desde dentro, todo es más difícil».

En las últimas elecciones de la Cambra de Comerç fue elegido, en representación de SIFU, miembro del pleno y preside la comisión de emprendimiento. Y desde el Parlamento de Catalunya le encargaron formar parte del consejo social de la Universitat Politècnica de Catalunya. «En otra época quizás me hubiera gustado involucrarme en política, pero ahora está demasiado desprestigiada, creo que puedo aportar más como lo hago».

También ha participado en otros proyectos como emprendedor. En 1999 montó, con dos socios, un *spa* en Barcelona, que no funcionó: «el momento era bueno pero no lo supimos aprovechar. Ni era el local adecuado, ni nos concentramos en la gestión». Ahora, con Gerard Martret, acaba de arrancar Bhagna, una consultora para recuperar la creatividad que perdemos con la edad. «Un niño de cinco años tiene todo lo que debe tener un emprendedor: sabe lo que quiere, tiene empatía, se arriesga, es creativo. Pero todo eso se pierde en el camino hacia la universidad». Y plantean, con cursos, juegos y técnicas de actores y artistas, aportar su grano de arena en el debate sobre cómo hay que cambiar la educación.

Rovira es consciente de que, con las responsabilidades que ocupa, «a quien robas tiempo es a la familia». Por eso se ha impuesto vivir según horario europeo: por la mañana madruga para hacer deporte, y cena siempre en casa a las 20:00, con su mujer y sus hijos. «Quiero compartir tiempo con ellos, no llegar a casa cuando ya están dormidos».

Ahora viaja menos, pero también sabe que cuando pase la crisis, volverá a ser época de viajar más: «vamos a internacionalizarnos». Y con el verbo hacer despliega un buen lema para las estampas de la vida en la empresa: «Hay que aprender a hacer; hacer; enseñar a hacer; hacer hacer; y dejar hacer».

# 25. La segunda vida del telar

**Joaquim Badrinas,** *Gerente de Finsa / Finsa Arquitectura*

El conde de Egara y el bisabuelo Badrinas fundaron, a mediados del siglo XIX, la textil Sala y Badrinas, buque insignia de una época en la que la industria de la pañería y lanería era sinónimo de progreso económico y prestigio social. Joaquim Badrinas Barata (Terrassa, 1948) entró en la empresa familiar cuando la crisis textil ya era irremediable, y él dio y recibió la estocada final. Más de diez años duró la agonía de la liquidación, y Badrinas acabó, como los mil obreros que había empleado, en la cola del paro. De esa experiencia nació una reconversión, industrial y personal, y Badrinas acabó montando su propia empresa de tejidos filtrantes para industria —Finsa— que luego generó otra filial, Finsa Arquitectura, pionera en los tejidos metálicos para edificación.

«Acabé la carrera y me fui a enterrar a un muerto», cuenta. «No nos supimos reconvertir... pero era imposible, la moda cambió, entró el tejano, empezó a llegar todo desde China». Badrinas había estudiado ingeniería de organizaciones: «Casi nací bajo un telar, lo textil ya lo conocía». Pasó luego por la liquidación: «Tuvimos la suerte de que el Banco Popular nos dejó el dinero, pudimos alquilar las naves y devolverlo durante veinticinco años, hasta que hace poco vendimos los terrenos». Por parte de madre, viene de las Baratas de Terrassa, otra fábrica de esa industria textil de la que «ya no queda nada».

Pese a todo el proceso, Badrinas asegura: «Por tradición creo mucho en la empresa familiar. Si los hijos se enganchan y tienen capacidad, creo que es la mejor manera de transmitir valores. De mi padre aprendí mucho, a aguantar. Sobre todo a los socios. Yo tengo socios alemanes. Muchas veces me pelearía con ellos, pero los beneficios que aporta una asociación siempre son mejores. No es fácil, pero hay que aguantar».

A finales de los años setenta Badrinas se puso a buscar soluciones: «Pensé en los tejidos técnicos, empezaban a estar en boga. Y pedí a la Cámara de Comercio alemana que me montara un viaje a ver qué estaban haciendo las empresas allí. Yo les decía: "No tengo ni idea, pero quiero empezar con el tema". Y tuve la suerte de que dos empresas me dijeron: "Te vamos a ayudar"».

Finsa (Filtros Industriales) empezó en 1978 haciendo de distribuidora comercial para los alemanes, vendiendo sus filtros a la minería y a la industria química y de aguas residuales. «Aprendí mucho. En esa época la minería en España estaba bastante desarrollada, y nos hicimos un mercado: por eso hoy exportamos a todos los países mineros del mundo», primero Sudáfrica, luego Chile, paso a paso han seguido Brasil, México, luego vendrá Rusia... En el 2011 la compañía llevaba un ritmo de crecimiento del 50% gracias a la exportación, que representaba el 80% del negocio. Lo hacen ganando mercado a sus competidores. «Si va un español a Latinoamérica, que no sea un chuleta, y que tiene la misma tecnología que los norteamericanos, dejan al gringo y te compran. Y en México ser catalán tiene mucha entidad: poder decir "tengo un socio catalán" es un orgullo para ellos». Badrinas declara que en esta estrategia de expansión, «el secreto es no quererlo todo para ti, sino hacer alianzas con socios locales, que nos compran el producto y ofrecen el servicio técnico».

En los años noventa Finsa empezó a comprar telares para producir sus propios tejidos sintéticos: «Ya no vendemos solo tejidos filtrantes, damos servicio». Con la multinacional alemana GDK, su proveedor de tejidos metálicos, Badrinas se alió en 1991 para desarrollar la aplicación en arquitectura. La idea surgió del arquitecto Dominique Perrault cuando proyectó la Biblioteca de Francia: «En Francia no encontró fabricante, y fueron los de GDK quienes le hicieron caso». Decidieron entonces desarrollar el negocio en España, a través de Badrinas. «Pasamos cuatro años picando piedra: todos decían que sí, que muy bonito, pero nadie se atrevía a utilizarlo». Empezaron con las paredes del aparcamiento del aeropuerto de Barcelona, y después se ha instalado en edificios emblemáticos, históricos, en hoteles, en interiorismo. «Es muy visual, muy mediático». Se habla de la segunda piel del edificio, que respeta y protege el material al que reviste, mantiene la temperatura y ahorra energía, es resistente y fácil de limpiar. «Hemos introducido un producto que era desconocido, España se ha convertido en un país puntero, por lo que representa en arquitectura y diseño». Y ha florecido la competencia.

La coyuntura es la que es, para todos. «En los años noventa pasamos momentos difíciles, y lo del textil tenía otra dimensión... esta es la crisis más grave que recuerdo. Pero nos ha servido para hacer cambios, para potenciar la internacionalización, para motivar a la gente a que tire del carro: una persona sola no puede tirar de una empresa», razona.

En el 2009 se quedaron con los telares parados. «Y pedimos a todos los que cobraban a partir de cierto nivel una reducción de salarios del 20%. Todo el mundo aceptó. Duró nueve meses, pero nos dio mucha moral, y hoy nos hemos recuperado». El grupo emplea a sesenta personas en Terrassa, además de los equipos auxiliares de montadores.

Badrinas está muy centrado en la división Arquitectura —«para mí era un reto»—, que le ha llevado entre otras cosas a colaborar en el patronato de la *Escola d´Arquitectura* de Barcelona. Y dice que sus dos hijos mayores aseguran la continuidad en la compañía de filtros industriales, aunque él sigue siendo el cogerente junto a Ramon Torredemer. «Mis hijos se lo tienen que ganar de currantes», dice. Asegura que él no tiene ningún afán de protagonismo, y que Pep Guardiola —el entrenador del F.C. Barcelona— debería ser un modelo para los empresarios: «Sabe crear equipo y motivarlo. Él no juega a fútbol pero sabe poner a los jugadores en el lugar adecuado. Los empresarios debemos fijarnos en todo: de una chorrada puede salir una gran idea».

# 26. Cada bolsa es un vestido

**Nuri Luis,** *Directora Comercial de Plásticos Rovi*

Plásticos Rovi, compañía familiar de Cabrera de Mar, fue fundada hace tres décadas por Fernando Luis y se dedicaba a fabricar bolsas transparentes, las que hasta hace no tanto tiempo envolvían la mayoría de jerséis o camisas en el punto de venta. Pero el textil ya no es lo que era. «Hacia el 2005 nuestra facturación cayó mucho. Y nos planteamos: "o cambiamos de sector/producto, o la empresa morirá"», cuenta Nuri Luis, segunda generación y artífice del cambio. «Decidimos adaptar la maquinaria que tenemos, con solo unos pequeños cambios, para hacer bolsas de publicidad y nos especializamos en hacer trajes a medida».

La compañía ha dado un giro radical. «Buscamos mercado donde no había: creamos la necesidad de utilizar una bolsa, para dar servicio a los clientes o para ser la mejor imagen publicitaria andante», explica Nuri Luis, directora comercial de Plásticos Rovi. Por ejemplo, han apostado por bolsas personalizadas para restaurantes: tienen la forma y medida justa para llevarse la botella de vino que ha sobrado y de paso, pasear la publicidad del establecimiento.

En el 2005 la empresa facturaba 900 000 euros y dependía en un 90% de clientes del textil. Cinco años después, Rovi ha alcanzado ventas de 1,7 millones de euros y el 80% de su negocio está en otros sectores, declara Nuri Luis, que ha incorporado a su equipo a Cristina, una de sus cuatro hermanas. El cambio de estrategia no ha sido fácil, aseguran. Según los datos que facilita Rovi, en España existen unos 350 fabricantes de bolsas, y muchos más distribuidores. «Hemos ido a buscar el nicho de mercado que mucha gente no quiere, el del traje a medida. Cuando alguien nos pide precio para una bolsa, lo primero es saber: "¿qué vas a ponerle dentro?" Nuestro valor añadido es conocer muy bien los procesos de fabricación y de impresión». En Cabrera, Rovi fabrica alrededor del 70% de los más de veinte millones de bolsas que vende la empresa, el resto lo compra en España, o en Asia.

Lo que más crece ahora son las bolsas reutilizables —fabricadas en tejido sin tejer o en rafia—, pero también ofrecen bolsas de asa flexible y troquel, bolsas de papel, industriales, y bolsas de un solo uso —tipo supermercado—, las que ahora más están retrocediendo, sobre todo por una presión ecologista a su juicio mal explicada y peor entendida. «Una bolsa de plástico no va andando sola hasta el bosque o el mar. Hay mucha confusión entre reutilizable, reciclable o biodegradable. Pero todos los materiales tienen ventajas e inconvenientes».

# 27. Renacer en Silicon Valley

**Xavier Verdaguer,** *Fundador de TMT Factory e Innovalley*

«Para confiar en tu proyecto, aquí un inversor te pregunta cómo le va a alguien que ya esté haciendo lo mismo que tu quieres hacer. En Estados Unidos te dicen: "¿qué haces tú que no esté haciendo nadie más?" De esta manera sí que se puede innovar». Xavier Verdaguer se define como emprendedor, «y durante mucho tiempo me decían, "¿y eso qué es?" Ser emprendedor es convertir un sueño en realidad». Y al final, Verdaguer ha cumplido el suyo de instalarse en Silicon Valley, El Dorado de los emprendedores.

Xavier Verdaguer nació en Vic en 1972, y cuenta que estudió ingeniería informática y arquitectura técnica, «porque siempre me ha interesado aunar la parte técnica y artística de las cosas». Empezó a trabajar como director de informática de una consultoría, quiso montarse por su cuenta y empezó en la producción multimedia. Se estrenó con una exposición en el Museu Marítim de Barcelona que le valió el premio Möbius —paradojas del sistema: «para ganar el concurso tuve que decir que tenía diez empleados, en realidad estaba solo, con dos colaboradores».—

Entonces le llegó el éxito con el *boom* de internet, tan rápido como se fue cuando estalló la burbuja. «Me arruiné: desaparecieron dos grandes clientes, y me quedé con una deuda de veinticuatro millones de pesetas —144 000 euros— y veinticuatro empleados». Tenía a su madre como socia de la empresa y no se atrevió a decirle por lo que estaba pasando... «Aquí está muy mal visto el fracaso. Yo ya he creado siete empresas, y mi madre todavía me dice que por qué me complico tanto».

Realizó su travesía en el desierto, y salió: «Empezamos a hacer pequeños trabajos construyendo webs», y desarrollaron un sistema de televisión interactiva y cartelería digital —*software* para las pantallas del mobiliario urbano, o los servicios interactivos en las teles de las habitaciones de hotel o de hospital—. Verdaguer estuvo al frente de TMT entre 1997 y 2008; en 2005 consiguió en una primera ronda de financiación 1,5 millones de euros, y a finales de 2008 levantó 7,4 millones: entraron el fondo Sequoia y un pequeño inversor. Y Xavier estalló. «Estaba en Berlín y me dio un derrame cerebral... Nunca se sabe por qué, pero en 11 años solo había hecho una semana de vacaciones...» Así fue como decidió tomarse un año «medio sabático», cogió la mochila —la misma bolsa con ruedas que lleva ahora en sus viajes: siempre ligero de equipaje—, y estrenó el 2009 rumbo a África. «El día de Reyes subí al Kilimanjaro. Me fui a India, Nepal, Tailandia. Para hacer la transición en la empresa, pacté que trabajaría unas horas al día: me conectaba desde el campo base del Annapurna o desde muchos cibercafés».

Su idea era dar la vuelta al mundo y seguir trabajando, y aprovechar para ir a Stanford: «era mi sueño desde pequeño». Se apuntó a un programa de alta dirección de mes y medio en verano, «para formarme en gestión de empresa». Descubrió Silicon Valley... y se quedó. «Vi aquella energía, todo el mundo tenía tantas ganas de emprender». Alquiló un espacio en Palo Alto, siguió estudiando: hacía cursos por la tarde, de marketing, píldoras de continuidad: «cualquier cosa en Stanford es brutal».

Y estando allí debe ser imposible no pensar en nuevos proyectos: «Se me ocurrió coger lo mejor que tenemos aquí, la creatividad, con la tecnología de allí». Y de la coctelera sacó una empresa de ropa inteligente, Innovalley, que creó en enero de 2010 y en la que implicó a dos amigos, Diego Paredes y Ariadna Mateu, de Haiku Studio. «Hay gente que dice que mejor no mezclar negocios y amistad, pero yo pienso al revés: en la empresa te lo tienes que pasar bien, es un juego». Cuenta también con la firma de moda *Cooked in Barcelona* y el centro de investigación CETEMMSA. Su idea es desarrollar productos innovadores y que sean las grandes empresas de moda quienes las lleven al mercado: por eso sus proyectos aún están en la frontera de la confidencialidad, justifica. Lo que sí han hecho ya es una bolsa con un tejido solar que recarga la batería de dispositivos móviles. Y negocia con una gran firma para unas zapatillas que, conectadas a una aplicación sobre Google Maps, indican el camino a seguir. O unas chaquetas para motorista con una ventana en la manga que facilita el uso del teléfono y GPS... «Nosotros generamos ideas, decimos que son "ideas de Barcelona", la marca ciudad la utilizo mucho, nos tienen bien considerados y nos permite llegar a grandes clientes».

Realizaron una aportación inicial de 300 000 euros, ahora negocian entre uno y tres millones en la segunda ronda, con *business angels* de Estados Unidos. «En Estados Unidos hacemos la gestión comercial, las rondas de inversión, los temas de patentes. ¡Es donde hay que estar! Y el desarrollo en Cataluña, aquí hay mucho talento desaprovechado». También se ha inventado Imagine, un «evento de creatividad» en San Francisco, con la idea de que talento español realice un *stage* para empaparse de la manera de hacer: «y que vuelvan con el chip cambiado, ¡en España estamos contagiados de pesimismo!»

Verdaguer está empeñado en fomentar y dignificar la cultura del emprendedor, «que cuando alguien se atreve a dar el paso, su entorno le apoye»; y repite que «cuando emprendes siempre ganas: si te va bien, creas valor y empleo, y si no, habrás aprendido mucho». El problema es que «las empresas tampoco dejan crear microemprendedores, no ayudan a que te sientas implicado. En Estados Unidos no sirve solo un contrato: tienes que motivar, es otra cultura del trabajo. Hay que pensar en la empresa como en un lugar donde pasarlo bien».

Y Verdaguer también se lo pasa bien con una página que ha creado en Facebook: gente de todo el mundo le manda fotos de *supertramps*, un gesto de felicidad con los brazos en cruz y un paisaje de fondo —y cuyo nombre remite a un personaje de *Into the Wild*, de Sean Penn—. Y Verdaguer, en su *nueva vida*, se ha aficionado a correr —dos maratones de Barcelona, una de San Francisco—. Por el emprendimiento ha renunciado a muchas cosas —«dos novias me han dejado», cuenta—; «pero a medida que superas obstáculos, obtienes retorno». Su mayor satisfacción dice que ha sido el dinero que recibió su madre al vender sus acciones en TMT: «haber jubilado a mis padres justifica todo mi esfuerzo emprendedor».

# 28. De la calefacción al suelo radiante para el súper o el *green*

**Jordi Latorre,** *Director General de ALB*

En el pasillo del súper donde están las neveras de los yogures hace tanto frío —8-12 grados— que los consumidores pasan rápido, nadie se entretiene demasiado tiempo para comprar: y eso es malo para las ventas. Y por otra parte, en los supermercados suelen tener unos grandes sobrantes de aire caliente —de los motores de las neveras—, que escupen al exterior. Aunando ambas problemáticas, la empresa ALB ha desarrollado un sistema que recupera el aire caliente sobrante y lo utiliza para la calefacción radiante instalada en el suelo del pasillo frío, cuya temperatura ambiente se eleva entonces a 18 grados. «Lo que hacemos es reciclar un sobrante de energía y lo disipamos para conseguir una climatización gratuita», explica Jordi Latorre, director general de ALB.

ALB nació en 1985, cuando Albert Latorre Barceló montó una importadora y comercializadora de accesorios para calefacción. En 1996, con la incorporación de la segunda generación, la empresa amplió su negocio hacia el diseño y la venta de componentes —que no instalación— para instalaciones completas en términos de eficiencia energética. En el 2001 las ventas fueron de 6,5 millones de euros, y la empresa se trasladó desde Cornellà, en Barcelona, a Santa Oliva, en Tarragona, a una nave de 5000 metros cuadrados. En el 2003 firmaron un acuerdo de comercialización con la holandesa Wavin, y crecieron coincidiendo con el *boom* de la construcción. En el 2007 ALB facturó diecinueve millones de euros, de los que un 60% correspondía a productos de Wavin. «Y entonces los holandeses nos quisieron comprar». Al final rechazaron la oferta, y Jordi Latorre, hijo del fundador, tomó las riendas de la nueva empresa, que debía «reorientar el negocio para sobrevivir», buscar nuevos proveedores. Y nuevos sectores: antes trabajaba en un 95% para el sector de la vivienda residencial, y «hemos tenido que darle la vuelta, buscar alternativas».

La experiencia del supermercado forma parte del programa de I+D de ALB para desarrollar sistemas de disipación energética de alta eficiencia. A este plan en I+D ha destinado una inversión de 500 000 euros entre 2010 y 2011, financiada por la propia empresa y el CDTI —Centro para el Desarrollo Tecnológico Industrial, del Ministerio de Ciencia e Innovación—. «La cultura de la geotermia está muy extendida en los países del norte de Europa. Son tecnologías que ya existen pero que hay que explotar», declara Latorre. La geotermia se basa en captar la estabilidad térmica del subsuelo a unos cien metros de profundidad, donde el agua está a quince grados, para proporcionar climatización en la superficie.

Latorre expone que la climatización por suelo con agua a baja temperatura es el sistema más utilizado en Europa: puedes hacer calefacción con agua a 35 grados —la mitad de la temperatura que necesita un radiador convencional—, y enfriar con agua también a 15-16 grados —mientras que los convectores de agua necesitan agua a 6-8 grados—. En ambos casos, no se necesita modificar demasiado la temperatura del agua, y eso es un ahorro. Y además están las ventajas del confort, añade Latorre. Uno de los mayores proyectos de ALB ha sido la participación en la instalación de calefacción y refrigeración basadas en la geotermia en el Hospital de Sant Pau de Barcelona.

Con la colaboración del centro técnico Ascamm para la producción de moldes, la empresa dio por primera vez un paso en la fabricación, en este caso de los plafones aislantes de poliestireno expandido. Y calefactaron los pasillos fríos en algunos nuevos supermercados de Carrefour, Condis y Dia, pero llegó la crisis y apenas se construyen nuevos supermercados. Y buscaron la aplicación en el campo de golf. Y han empezado a desarrollar el sistema en bodegas de vino y cava. «Hemos tenido que ir abriendo posibilidades comerciales», dice Latorre. En 2010 la compañía se fijó alcanzar los diez millones de euros, con una plantilla de veintiocho personas. «Nuestro futuro está en la internacionalización».

ALB está trabajando en una nueva aplicación para campos de golf: el sistema consiste en aprovechar la energía geotérmica para climatizar el subsuelo del *green* —la zona alrededor del hoyo— y mantener la calidad de la hierba de esta superficie crítica para el juego durante todo el año, independientemente de la climatología. La empresa, en colaboración con un instalador de Logroño, ha implantado este sistema en los dieciocho *greens* del Rioja Alta Golf Club de Cirueña. «La instalación está hecha y vamos a ver durante un año. Estamos convencidos de la viabilidad del proyecto, y luego nos lanzaremos a comercializarlo». La inversión ronda los 15 000 euros por *green*.

# 29. Una cuestión de visión de negocio

**David Pellicer,** *Etnia Barcelona*

Etnia Barcelona es una empresa de monturas de gafas que nació en 2003 después de que el negocio familiar de fabricación de gafas tuviera que cerrar por la presión de la competencia china. La reconversión, liderada por David Pellicer (1978), funcionó tan bien que en 2010 Etnia adquirió la fábrica de su proveedor chino, para hacer frente al crecimiento del negocio: el 87% destinado a la exportación.

El abuelo materno de David Pellicer trabajaba en una fábrica de gafas y en los años sesenta se montó por su cuenta. Paralelamente, el padre de David era ingeniero en Indo y también se independizó, primero para importar monturas desde Italia y luego para crear Tressol, su propia fábrica, a finales de los años setenta. Fabricaba gafas plásticas y metálicas, de vista y de sol, pero siempre en el segmento económico. «Llegó a emplear cerca de un centenar de personas, fabricaba un millón de piezas al año, la facturación fue de unos cinco millones de euros», relata Pellicer.

La larga decadencia de los años noventa llevó a la empresa a tocar fondo, con una facturación de apenas 300 000 euros... «Entonces se creó Etnia para intentar vender marca propia»... pero en 2001 se acabó cerrando la fábrica. David Pellicer se había incorporado al negocio dos años antes y tuvo tiempo de conocer todo el proceso de fabricación y venta. «Y cuando me dí cuenta de lo difícil que era vender lo que hacíamos, decidimos apostar por la colección, por el producto. Hacer la inversión en maquinaria era inviable y me fui a China a buscar». Entonces su padre le dio el relevo, y en 2001 salió la primera colección diferenciada, con gafas de colores atrevidos, incluso chillones, «pero enfocados a un precio asequible». Y en dos años la compañía pasó a facturar 1,2 millones de euros. En 2004, gracias a los contactos que tenía el padre, lograron entrar en Estados Unidos, luego Francia... «Ahora exportamos el 87%», asegura. La sede de Esplugues de Llobregat se ha reconvertido en un centro de diseño, control de calidad y centro de distribución, y emplea a treinta personas. Ahora venden 330 000 gafas al año.

A finales de 2010 Etnia invirtió medio millón de euros en maquinaria en la fábrica de su proveedor chino, y a cambio se ha hecho con el 80% de las acciones de la compañía de Zhong Shan. David Pellicer cuenta que con esta presencia en China se aseguran «una producción más estable y mayor rapidez».

En 2009, Etnia facturó doce millones de euros; en 2010 fueron 15,5 millones, y la previsión era alcanzar los veinte millones en 2011. «Y nos hemos propuesto llegar a cien millones de euros en diez años». Para ello, preparan una colección de gafas de sol, y una mayor expansión comercial en Asia. Su apuesta por generar marca propia les ha hecho rechazar la fabricación para terceros bajo licencia.

# 30. El pan entra en el plato

**Daniel Jordà,** *Creador de Latrinidad Panes Creativos*

Daniel Jordà dice que con su negocio, Latrinidad Panes Creativos, se ha inventado un segmento de mercado: el del pan que se introduce en el plato, en las recetas gastronómicas. Y lo ha hecho de la mano de algunos cocineros con estrellas Michelin, como Martín Berasategui o Xavier Franco del Saüc. Los suyos son panes a medida: uno de trufa blanca para la semana de las setas; otro de *carquinyoli* para un plato de pichón; de castaña y arándanos o de especias y cebolla confitada para el foie.

Latrinidad Panes Creativos nació en 2008, fruto de la inquietud de Daniel, que había estudiado Bellas Artes y que es tercera generación de una familia de panaderos en el barrio de *La Trinitat* de Barcelona. Un día vio un restaurante de tapas creativas en San Sebastián, se ofreció a ayudarles con el pan, y a partir de ahí ya vino el boca-oreja... «En Barcelona se hace muy buen pan. Nosotros somos artesanos, pero lo que vendemos no es la tradición, sino la audacia».

Panes Creativos comparte el obrador de 300 metros cuadrados que ha sido siempre el negocio de la familia, y emplea a siete de las diecisiete personas que trabajan allí. Pero en su área de trabajo, además de harina, hay espárragos, setas liofilizadas, frutos secos... O la cerveza negra, que utiliza para los panecillos de hamburguesa que reparte a bocadillerías de toda España y que representan cerca de un tercio de las ventas.

En 2009 Latrinidad Panes Creativos facturó unos 90 000 euros. En 2010 llegaba a 200 000 euros, el 40% en Catalunya, el 60% en el resto de España. Y para el 2011 se han propuesto triplicar, 600 000 euros. «Vamos a entrar en el mercado del consumidor final», comenta Marcial Mira, primo de Daniel y que se incorporó al negocio para ocuparse de la gestión. Su intención es abrir una *boutique* de pan en Barcelona, que requerirá una inversión de 250 000 euros: «No sabemos si tendremos un socio inversor o si nos financiará un banco», añade Mira. De su participación en la feria Alimentaria recibieron propuestas para exportar a Alemania o Israel, pero «nuestra prioridad ahora es abrir la tienda. Tenemos que vigilar, se nos colapsa pronto la producción».

Prácticamente todos sus panes se hacen a medida. Un pan de limón para acompañar ostras, encargo de un restaurante gallego de Madrid. Para un *catering* de la firma mallorquina de calzado Camper realizó panecillos de fresa y chocolate blanco —los colores corporativos son rojo y blanco—, o de sobrasada y queso azul, evocando sabores mallorquines. Y para Nokia, en la feria mundial de telefonía 3GSM, le encargan panecillos de color rojo —tomate—, verde —eneldo—, amarillo —cúrcuma— y negros —tinta de calamar—. Para Nespresso prepara un pan de café para acompañar las degustaciones. «Creé la empresa para tener más tiempo para pintar, ¡pero tengo menos! Aunque al final la creatividad ha salido igual, y pinto con otros ingredientes», dice Jordà.

# 31. La reconversión de un *pastificio*

**Francisco de Haro,** *Fundador de Il Molino d'Oro*

Il Molino d'Oro, marca comercial de la empresa Welldone, vendía pasta fresca y otros productos a restaurantes y se atrevió a entrar en el mercado de la alimentación —el de las tiendas y los supermercados—. Lo hizo con un producto diferente a los que vendía hasta el momento: con una nueva gama de pasta fresca biológica, con la marca Delaro Bio. Una apuesta de dimensiones relativamente pequeñas pero que culminó el proceso de reconversión estratégica que dio la vuelta a la compañía.

Francisco de Haro declara que entre los productos que más vendía su distribuidora —Welldone— en hoteles y restaurantes estaba la pasta fresca. En el 2003 las huelgas europeas de transportistas le causaron serios problemas de suministro con la pasta que le llegaba de Italia, y por eso se le iluminó la cara cuando en el 2004 vio un anuncio en la prensa en el que se vendía un *pastificio* —Il Molino d'Oro— en Mataró. «¡Es lo que necesitamos!», dijo de Haro.

Il Molino d'Oro fabricaba pasta fresca para charcuterías y tiendas italianas y *gourmet*. Francisco de Haro recuerda que logró reunir poco más de la mitad de lo que pedían, «pero finalmente en octubre del 2004 llegamos a un acuerdo». Cuenta que «tuvimos que reenfocar los envases, para adaptarlos a la hostelería. Pero hay muchas pequeñas fábricas de pasta. O inviertes mucho para hacer bandejas como las multinacionales, o el mercado es muy limitado. Y decidimos repensar el producto, buscar nichos nuevos. Vimos que la producción biológica está empezando y está previsto que se dispare». Buscaron la colaboración de una consultora, External Financial Management, para diseñar esta estrategia. «Los bancos no dejan dinero, pero quizás no lo dejan si solo haces más de lo mismo», dice Miquel

Carrió, socio de EFM. «Il Molino era una empresa que funcionaba, que se quería reinventar y crecer más. Pequeña, con beneficios y sin endeudamiento». Contactaron con Triodos, entidad que hace *banca sostenible*, y les concedió un crédito de 35 000 euros para adaptar la maquinaria.

En el 2009, Welldone empleaba a ocho personas y facturó 1,1 millones de euros, por debajo de los 1,5 millones alcanzados el 2007. Il Molino d'Oro vendió en su primer año por valor de 150 000 euros, según los datos aportados por De Haro. Para el 2011, primer año entero en el que habrá funcionado la nueva marca Delario Bio, el plan de negocio prevé alcanzar los 300 000 euros. «Tenemos los proveedores y los registros sanitarios para hacer producto ecológico, estamos construyendo la marca y conociendo el canal de tiendas especializadas. Y tenemos propuestas para abrirnos a la exportación: este es un sector estratégico».

# 32. Refrescar el papel pintado

**Familia Bermejo,** *Fundadores de Tres Tintas*

«Un día nos planteamos: tenemos muy pocos clientes jóvenes, pero ¿tenemos algo que ofrecerles? Carecíamos de producto diferente, creativo, transgresor», relata Jaime Bermejo, al frente de Papel Pintado Aribau, la tienda que crearon sus padres en 1961. E hicieron una prueba: compraron a una firma alemana una colección de papel pintado tan diferente que había sido un fracaso. «Pero a mí me gustó y decidí ponerla en el escaparate. Y se vendió muy bien». Tan bien, que fue el detonante para que la familia se atreviera a lanzar una marca propia de papel pintado. Así nació Tres Tintas en el 2005, un proyecto con el que Jaime Bermejo y su mujer, Carmen Buisán, han conseguido recuperar a sus tres hijos para el negocio familiar. Jaime (1970) es arquitecto, Albert (1973) realizador audiovisual y Daniel (1975) publicista. «Siempre hemos mamado el papel pintado», dicen. Ahora se encargan, respectivamente, del departamento de *contract*, de la dirección artística y del marketing de Tres Tintas.

La empresa vendió 62 000 euros en el 2005, su primer año; cerró el 2008 con 928 000 euros, superó el millón de euros en el 2010, año en el que las exportaciones ya representaron el 68%, venden a unos cuarenta países. «Nuestro éxito ha sido romper el canal de distribución, ir a tiendas de decoración, de muebles, de diseño, que nunca antes habían vendido papel pintado. Hemos refrescado y dignificado el producto, hacemos un papel que enamora», aseguran los Bermejo. Para ello convencieron en su momento a reconocidos diseñadores —desde Mariscal hasta Txell Miras, Miriam Ocáriz o La Casita de Wendy— para que imprimieran sus estampados sobre el papel. «Siempre hemos creído en el papel pintado. Creemos que es arte, decoración».

«En algunas épocas lo hemos pasado extremadamente mal», afirma Jaime Bermejo. Especialmente en los años noventa, «por la falta de oferta y porque creativamente fueron muy flojos. Se puso de moda el minimalismo y el pasotismo decorativo». Sin embargo, asegura que ahora «vuelve a haber sensibilidad por la decoración». Zara o incluso Ikea han utilizado diseños de Tres Tintas para decorar sus espacios de venta. «No aspiramos a empapelar casas enteras. Somos complementarios a las pinturas, nuestro papel es para refrescar una pared».

# VI. Y por ganas de emprender, que no sea. Sin miedo a las multinacionales

Los más grandes, algún día también fueron pequeños.
El fundador y presidente de Mango, Isak Andic, dice a los jóvenes estudiantes que «comenzar de cero no es imposible. Siempre hay un nicho por descubrir. Las oportunidades están ahí. Siempre están pasando cosas y hay que estar al acecho». Lo dice alguien que empezó vendiendo camisetas en un mercadillo y que tres décadas después dirige una empresa de 1270 millones de euros de ventas en 2010, 10 000 empleados, más de 2000 puntos de venta en 105 países. «Soy ambicioso y tengo hambre», dice Andic, y por eso se ha propuesto duplicar ventas y beneficios hasta el 2014. Su secreto: «Ambición y trabajo».
A la gente joven les recomienda que se hagan empresarios: «Existe la misma seguridad en tu empresa y en tu equipo que en las grandes empresas».

# 33. El becario vuelve a la carga

**Daniel Rossinés,** *Director General de Comansi*

El antiguo becario que vuelve diez años después y compra la empresa. Esta sería la historia de cómo en 2009 Daniel Rossinés se convirtió en accionista y director general de Comansi, la empresa de juguetes fundada en 1959 y famosa en los años setenta por sus muñecos de indios y soldados. En su madurez, la empresa sigue siendo fuerte en las figuritas de goma que reproducen desde los personajes de los dibujos a los jugadores de fútbol —y que no faltan en las monas de Pascua—.

Daniel Rossinés estudió comercio internacional en la Universidad de Barcelona, luego un posgrado en Seattle (Estados Unidos), y a la vuelta pasó siete meses por el departamento de marketing y comercial de Comansi. De allí se fue a Yamaha —cinco años—, luego estuvo dos años en Geresa —llevando los relojes de Nike—, y después montó una agencia de comunicación. Uno de sus clientes era El Bebé Aventurero, distribuidor de marcas de puericultura, de los empresarios Fernando Falgàs, Josep Bascompte y Xavier Rabassa.

«Yo mantenía el contacto con Comansi, que era una empresa sin sucesión. Lo hablamos con los de El Bebé Aventurero... y dijimos ¿compramos Comansi?», explica Rossinés. «Lo propuse a la viuda del fundador Vergés, Antònia Ortín, y al director general Jordi Vaqué, y estuvieron encantados». En verano del 2009 lo más difícil fue encontrar la financiación para una compra que se elevó a 2 millones de euros. El Bebé Aventurero ostenta el 80% de Comansi; Rossinés, un 15% y el director comercial Joan Prats, un 5%.

«Compramos la empresa, que facturaba 4,3 millones, con una plantilla de 22 personas con una media de edad de 53 años y antigüedad de 18. Nos comprometimos a mantenerla y ha sido un auténtico reto». Buscaron la distribución de nuevos juguetes y cerraron el 2009 con cinco millones. A mediados de 2010 crecían al 20%. «En el 2014 esperamos llegar a diez millones».

Una de las primeras decisiones fue recuperar el lema histórico: «juguete completo, juguete Comansi». También apuestan por el juguete propio, como la *bola loca* y la evolucionada *pala loca*. La empresa tiene una fábrica en Viladecans, con cinco máquinas de inyección de plástico de donde salen muchos de los muñequitos —5,5 millones de piezas al año—; los más complicados se encargan en China, y otros vienen de distribuir a la firma alemana Bullyland.

Como nueva apuesta, la compañía se ha introducido en el mundo de las licencias de los videojuegos con el lanzamiento de los Invizimals, que reproducen estos personajes fuera de la PlayStation.

Los muñecos de goma aportan el 80% de las ventas. «Tenemos un nicho de mercado: y los jugadores de fútbol de equipos europeos pueden convertirse en una vía de internacionalización». El primer paso les llevará a vender en Francia, Italia, Alemania y Gran Bretaña. A medio plazo, piensan en Brasil.

# 34. La insistencia en el bolso

**Mario Coll y Montse del Tarré,** *Fundadores de Misako y Urbaks*

Mario Coll y Montse del Tarré abrieron en febrero del 2010 la primera tienda Urbaks, la nueva marca de tiendas de bolsos y complementos con la que han vuelto al mercado partiendo de los aciertos y errores acumulados en veinte años en el sector, diez de los cuales al frente de Misako. En un año, Urbaks cuenta con cuatro tiendas: Barcelona, San Sebastián, Valencia y Cascais, abiertas a finales del 2010, igual que la tienda *online*. Luego van Madrid y Portugal, con el socio local, y Zaragoza, Bilbao, alguna más en Madrid y en Barcelona... A tres años vista, en el 2015, su idea es tener entre 50 y 70 tiendas, lejos de las casi 150 —110 en España— que tenía Misako cuando dejaron la compañía.

La familia de Mario Coll se dedica a la marroquinería desde los años 50. En 1987, Coll y Del Tarré montaron su propia empresa para fabricar bolsos de piel, primero para tiendas de moda, y desde 1994 con grandes producciones para Inditex o Mango. En su taller de Barcelona y un centro asociado en Alicante «conseguimos reducir mucho los precios de producción, pero nos seguían apretando tanto, que decidimos abrir una tienda, con mentalidad de cadena». En el 2001 dieron entrada a nuevos socios, los García Torres —fundadores de Stradivarius, habían vendido a Inditex—. En el 2009 Coll y Del Tarré salieron, por discrepancias en la gestión. «Hemos apostado por emprender un proyecto nuevo y diferenciado, pero en lo que mejor sabemos hacer», declaran.

La política de precios sigue siendo *low cost*, aunque en Urbaks han subido un peldaño e incorporan producto de piel y colección de hombre: «La mujer ya está consolidada como compradora de bolsos, pero al hombre la falta encontrar su espacio», argumenta Montse del Tarré. El diseño de Urbaks es propio y la producción se hace en Asia —China e India—: «Pero los aumentos de costes en China, el transporte... estamos pensando en volver a fabricar una parte en Alicante», aseguran.

En el 2010, Urbaks registró ventas de 1,3 millones de euros; en su primer año completo, de febrero a febrero, la cifra se eleva a dos millones, asegura Coll. En el 2011 la previsión es superar los siete millones. El crecimiento internacional también está en sus planes. «Hablamos con posibles socios en Emiratos Árabes, Brasil, o México; y miramos ubicaciones en capitales europeas. Tenemos la visión de crecer donde se presente la oportunidad. Pero queremos hacer una expansión global, sin depender mucho del mercado nacional. En España cabrán treinta, máximo cuarenta tiendas».

## 35. Cambiar la familia por un fondo de inversión

**Gemma Garcia Godall,** *Accionista y Directora General de Gescobro*

Recuerda un consejo de administración en el que ella, como directora general, planteaba la oportunidad de expansión en Portugal. «A mí no me parece bien porque tendrás que viajar demasiado, y no podrás estar con tus hijos», le decía la accionista Dolors Godall, propietaria junto a su marido, Carlos García, de Gescobro; pero al mismo tiempo madre de la directora general, Gemma García Godall. «En la empresa familiar se mezclan la visión personal y la profesional, y a veces resulta difícil, incluso emocionalmente desgasta mucho».

Gemma Garcia Godall (Barcelona, 1971) ha pasado por la experiencia de trabajar en una multinacional americana —Arthur Andersen— y en una japonesa —Riso—, antes de dedicarse a la empresa que fundaron sus padres, de la que es directora general. Y a principio de 2010 dio el salto como accionista —con un 20%—, pero no por herencia sino protagonizando un *management buy out* de la mano del fondo de capital riesgo barcelonés Miura —está liderado por Luis Seguí y Juan Leach, y presidido por Juan Rosell; de Gescobro controla el 80%—.

Gescobro está especializada en la recuperación de deudas impagadas para BBVA, Santander, Sabadell, La Caixa o Telefónica. A Gemma le preocupa que quede claro que no van de disfraz: «Hacemos un recobro ético, profesional. A cualquiera le puede ocurrir un problema y dejar un recibo sin pagar, y es de agradecer que te llame alguien y que te ayude a buscar una solución. Sin ridiculizar». El sector ha crecido mucho, por la crisis y sobre todo porque las empresas externalizan este servicio. «El mercado se ha puesto fuerte y eso requiere más inversión, en sistemas y en personal. Y mis padres no estaban dispuestos a asumir tanto riesgo, hacía falta un socio con músculo financiero».

En esta historia se mezclan muchas otras cosas que trascienden el negocio pero que forman parte de la empresa, y de la vida. Como que los otros tres hijos de los fundadores también trabajan en Gescobro, pero ninguno tenía funciones directivas, no se han sumado al proyecto desde el accionariado. «Todos los hermanos nos fuimos incorporando en diferentes circunstancias y después de haber trabajado en otros sitios».

Gemma, la segunda, estudió administración y dirección de empresas en ESADE, en parte influenciada por la imagen de su padre como hombre de empresa: había sido jefe de créditos en Flamagás y decidió en 1981 continuar por cuenta propia. «Trabajaba desde casa y mi madre le ayudaba. Y su primera empleada —Emilia, que todavía sigue en Gescobro— se instaló en el recibidor». Gemma se incorporó como *controller* en 2001, cuando había 40 empleados. «Mi padre empezaba a querer crecer y yo estaba embarazada y pensé que en la empresa familiar tendría mejor conciliación. Pero lo que quería para mi lo quería para todo el equipo: que se pueda hacer bien el trabajo sin sacrificar la vida personal». Asumió la dirección en 2006, y eso no ha impedido hacer crecer a la empresa hasta 300 empleados y un volumen de deuda gestionada de más de 2000 millones de euros en 2009.

Gemma reconoce que sus padres le han transmitido «unos valores, como la transparencia y el trato a las personas, que no valoran tanto otro tipo de accionistas». Pero también recuerda la presión que implica la empresa familiar. Como cuando hace unos años, mientras tuvieron de socios a unos ingleses, «un día, después de un consejo de administración difícil, le pregunté a mi madre: ¿qué te ha parecido? Y me contestó que yo no llevaba bien depilado el bigote».

«El proceso de reflexión en la familia duró dos años y lo importante fue tomar la decisión de forma consensuada y en el momento adecuado: si no, a la larga conlleva problemas. Había ganas de separar la familia de la empresa: de que en la paella del domingo no se hablara de Gescobro».

Otro elemento de la historia es que Gemma es una militante practicante de ese concepto a veces tan mal explicado como mal entendido que es la conciliación. «Tengo un contrato de directora general que contempla flexibilidad horaria. Al capital riesgo les planteé: quiero seguir de lleno en este proyecto y con esta responsabilidad, pero tengo mis prioridades. Y creo que Miura ha sido muy innovador al entenderlo». Eso significa, razona, que igual que es flexible para coger un avión y plantarse en Madrid a la hora que sea si el cliente lo requiere, lo es para salir normalmente del despacho como muy tarde a las siete, y un día a la semana a las cinco. «Haber tenido hijos me ha permitido darme cuenta de que hay otras cosas en la vida. Ser madre te da agilidad mental, enriquece a nivel personal y a nivel de gestión de equipos». Y apunta: «los hombres también deberían aprender a conciliar: ellos se pierden cosas que ni un salario ni un cargo justifican».

Su plan de negocio pasa por seguir creciendo en Barcelona, Madrid y Oporto y afianzarse como la única firma independiente de entre las cinco primeras del sector.

Gemma, que está separada — «el estrés de dos carreras profesionales sin duda afecta a la vida de pareja»—, forma parte de la red internacional de jóvenes empresarios YPO y dedica el poco tiempo libre que le queda a dormir, ir al gimnasio, escaparse a la playa o leer; pero añora los *hobbies* que tuvo, como el windsurf y montar a caballo, «que espero recuperar cuando me jubile». Como están empezando a hacer sus padres, que ahora pueden viajar y disfrutar del tiempo libre, y «están más con los nietos, ¡que a todos nos va muy bien!».

# 36. Artesanía y precisión... lejos de Suiza

**Aniceto Jiménez Pita,** *Relojero de Pita Barcelona*

Encima de su mesa de trabajo se mezclan facturas, bocetos de diseños, y los papeles por los que están todavía tramitando la creación dc la sociedad limitada Pita Barcelona. «Todo se ha acelerado mucho», dice Aniceto Jiménez Pita en el minúsculo taller de su joyería-relojería Pita, de la avenida Meridiana de Barcelona. Un lugar en el que se amontonan máquinas y herramientas de precisión, prototipos, relojes de cualquier tipo para arreglar, diseños y cálculos escritos —mejor, garabateados— en un papel aprovechado... Un lugar que desprende muchas cosas menos *glamour*. Sin embargo, de aquí salen unos relojes reconocidos en el mundo entero, por su innovación y diseño diferencial y porque cuestan a partir de 4000 euros el Oceana —su caja, patentada, resiste 5000 metros de profundidad— y de 11 000 a 23 000 euros el resto, unos quince modelos que se fabrican casi bajo pedido.

Pita Barcelona es una marca conocida en los foros de relojería en todo el mundo: dicen de Aniceto Jiménez Pita que es «un genio, un entregado virtuoso de la relojería». «Pero nadie es profeta en su tierra», se lamenta este extremeño, nacido en 1947 en Oliva de Mérida. Allí empezaron a gustarle los relojes, y cuando llegó a Barcelona, con 16 años, se ganó los primeros duros arreglando relojes.

Aprendió alemán durante el tiempo que fue delineante en la Siemens —y eso le iría muy bien años después—. En 1971 puso su propia tienda de relojero-reparador, y allí iba diseñando alguna pieza «que nunca me atreví a enseñar a nadie». Hasta que en 2004 descubrió la *Académie Horlogère des Créateurs Independants* (AHCI) —Academia Relojera de Creadores Independientes—: una asociación de una treintena de relojeros artistas de todo el mundo. A ellos les presentó su patente, el TSM —*Time*

*Setting Mechanism*, que hace la caja estanca—. Y entre muchos alemanes y suizos, algún británico y japonés, en 2007 Jiménez Pita se convirtió en el único integrante español de la AHCI.

Mientras, su hijo Daniel, ingeniero informático, cuenta que trabajaba como investigador en temas de inteligencia artificial y redes sociales en la Universidad de Bath, en Inglaterra. «Para hablar con los relojeros, a mi padre ya le iba bien saber alemán, pero para vender hace falta inglés». Y Daniel empezó a acompañarle a ferias; cursó un MBA en ESADE y acabó metido de lleno en el negocio. Las primeras piezas con la marca Pita salieron del taller en 2006, para unos pocos clientes —coleccionistas españoles—, y el *boom* llegó hacia 2009.

Desde 2005 Pita expone en la feria de Basilea, y a partir de 2009 en Tokio y también en la de *Belles montres* —Relojes bellos— de París. Sus relojes brillan al lado de los Audemars Piguet, Hublot, Cartier, Jaeger-LeCoultre. «El 90% de las marcas de relojes vienen de Suiza. A nosotros nos gusta ser de Barcelona: quizás eso nos permite ser más originales». Aquí diseñan, inventan, luego encargan los componentes en Alemania, Suiza, Suecia o Japón... Y aquí de nuevo los ensamblan: a mano, casi siempre el propio Aniceto. Hacen series muy cortas, piezas únicas si se trata de oro. En 2010 vendieron 70 unidades del Oceana —en 2011 ha fabricado 99—, y una docena más de los otros modelos, una cantidad pequeña pero suficiente para haber atraído la atención del New York Times.

«Hacemos innovación en relojes mecánicos para sorprender a nuestros clientes», dicen. «Vamos a hacer una gira por China», explica Daniel Jiménez. Ya tiene una pequeña red de distribución en Asia, también en Estados Unidos. Pero la mayoría de ventas llegan por internet. «¡Y ojalá algún día podamos abrir una tienda en el Paseo de Gracia!».

# 37. En el origen de la cosmética

**Elena Grau y Engracia Gironés,** *Fundadoras de EGgroup*

Elena Grau y Engracia Gironés han presentado al mercado las aplicaciones cosméticas del ácido maslínico, molécula derivada de la aceituna. El ácido maslínico se obtiene del orujo mediante un sistema de extracción patentado por BioMaslinic, una *spin-off* de la Universidad de Granada, que le dio una primera salida comercial para alimentación funcional y animal. Pero Grau y Gironés le vieron también una aplicación cosmética: «Tiene propiedades para proteger, regenerar y redensificar la piel». Su empresa, EGgroup, distribuye principios activos cosméticos y desarrolla proyectos cosméticos y de perfumería. Además, se ha hecho con la distribución mundial para el sector de la cosmética de esta nueva molécula descubierta por los científicos de la Universidad de Granada.

Grau y Gironés se encargaron del proceso para que la molécula fuera apta para cosmética, y cifran la inversión en unos 150 000 euros. Su idea comercial para el ácido maslínico es muy amplia, pero esto lo dejan en manos del interés y capacidad financiera de sus clientes: desde construir una marca especializada —tipo Caudalie, la firma francesa basada en las propiedades de la uva—, hasta que las marcas la incluyan en sus cremas, jugando al *glamour* o por su activo.

«En cosmética se explota poco el aceite de oliva», declaran. Elena Grau, ingeniera, desarrolló su carrera en la empresa de perfumes Puig, y en el 2005 creó su consultoría; Engracia Gironés, farmacéutica, viene del sector de los principios activos. Se aliaron en EG en el 2007, para aunar el idioma del marketing y los fundamentos técnicos, y desarrollar líneas de producto propias: la principal, OliveActive, a la que incorporarán más activos, y VedaActive, activos de origen vegetal basados en la medicina ayurvédica. Además, comercializan los péptidos de síntesis y productos de encapsulación de Infinitec Activos, empresa del Parc Científic de Barcelona, de la que se han convertido en accionistas, junto a Pere Grau —ex Gas Natural—, padre de Elena y también socio de EG.

«Pasado lo peor, muchas marcas de perfumería y cosmética ahora vuelven a hacer desarrollos nuevos», declaran. «Pasamos los dos primeros años de travesía del desierto, hasta que en el 2009 logramos facturar 154 000 euros, y 655 000 en el 2010»; en 2011 esperan superar el millón de euros, y tres millones en tres años.

# 38. Patatas fritas en familia

**Judith Viader,** *Directora General de Frit Ravich*

En un mercado maduro y dominado por las multinacionales, no es fácil imaginarse un gran crecimiento para una empresa familiar y que, además, no tiene problemas en superar sus fronteras. «Aquí todo el mundo sabe de los hijos de los demás, si se ha casado el sobrino... Tenemos el mismo equipo desde hace mucho tiempo —¡el director comercial lleva 30 años!— y esto hace que todos los proyectos sean más fáciles de afrontar. Incluso, cosa rara, cuando implantamos el SAP no hubo ningún problema». Judith Viader es la directora general, y miembro de la segunda generación, de la empresa de patatas fritas y frutos secos Frit Ravich, de Maçanet de la Selva (Girona).

Con una facturación prevista para 2011 de 126,5 millones de euros y cerca de 800 empleados, a la directora general le sucede a menudo que cuando llama y dice «Judith Viader, de Frit Ravich», tiene que acompañarse de explicaciones. Por un lado, porque esta marca suena a extranjera, aunque tome el nombre prestado de una masía vecina de la comarca, Can Ravich. Y por otro, porque en un sector en el que la mitad del negocio está en manos de una sola multinacional, en esta empresa familiar «tenemos poca relevancia pública, el nuestro es el carácter catalán de la hormiguita, de *anar fent* —ir haciendo—».

Frit Ravich nació en 1963, cuando cuatro amigos empezaron a freír patatas para que uno de ellos estuviera activo después de una larga enfermedad. Un tiempo después Josep Viader acabó comprando el resto de acciones a sus socios y se hizo con el control de la empresa que hoy ya llevan sus hijos, Judith y Albert, que es el jefe de compras. «Nunca hemos tenido ni cinco minutos de conflicto para decidir quién hace qué. Fue una decisión nuestra, un tema de carrera profesional», dice Judith.

Judith Viader (Maçanet de la Selva, 1968) siempre había dicho que nunca trabajaría en casa, con su padre. Pero estudió en ESADE e hizo su tesis sobre un tema que le era tan familiar como la concentración de la distribución en el sector de la alimentación. Y su director de tesis quiso conocer la empresa, «congenió con mi padre, ficharon a un directivo externo, y entonces yo empecé a trabajar también en la empresa». Era 1991; primero en marketing, luego para montar la organización interna, y cuando en 1996 se retiró el director, ella asumió el mando.

«Nunca me ha condicionado ser "la hija de". Si trabajas, empiezas desde abajo y haces de todo, pesar patatas y preparar pedidos, entonces se entiende como un proceso natural». En esta empresa familiar, «mi padre se sigue encargando de la materia prima, que es lo que más le gusta. Es perfecto que pueda elegir. Tiene más marcha que nadie, y mucha ilusión por los proyectos». Judith viaja mucho, «tienes que sacrificar muchas horas», y se acuerda de que cuando era pequeña se iban de vacaciones en un Seat 850 a la zona de Valencia, porque allí su padre aprovechaba para negociar los frutos secos. Y los domingos iban al mercado de Anglès, a comprar las avellanas. «Mi madre nunca trabajó en la empresa, pero tiene ese punto que no se les reconoce a las mujeres de los emprendedores, todo lo que ha tenido que hacer cuando éramos pequeños y mi padre no estaba en casa». Ella ha tomado el camino de la mujer ejecutiva. «Nunca he tenido la sensación de que por ser mujer y joven me haya limitado, aunque a veces sí que tienes que dar más explicaciones. Comparto despacho con los comerciales y si descuelgo yo el teléfono, hay quien da por hecho que soy la secretaria. O se producen situaciones cómicas, como que si voy a una reunión con hombres de mi equipo el interlocutor se dirige a ellos y no a mí, y al final le dicen: "No, si es ella la que decide"».

En esta población de cerca de 6000 habitantes a menos de media hora de Girona, Frit Ravich, cuyo producto estrella son las patatas caseras, ha duplicado su negocio en apenas seis años, desde los 65 millones de euros que registró en 2003 hasta los 127 en 2010. Este salto obedece a la expansión territorial de la compañía, que pasó de trabajar principalmente en el mercado catalán a abastecer al mercado español. «Tomamos la decisión de tener una red propia de distribución en 2004, era una inversión fuerte, y por eso ya entonces ampliamos la fábrica de *snacks*» —destinaron unos 12 millones de euros entre 2004 y 2005—.

«El servicio es nuestro punto fuerte», cuenta Viader; la empresa tiene delegaciones propias en Mallorca, Valencia, Málaga, Sevilla, Madrid, Santander, Vitoria y Pontevedra, que cubren con una red de 200 comerciales propios. «Nuestra estrategia ha sido siempre diversificar: un tercio patatas, otro *snacks*, otro distribución de chucherías. Y vendemos en hostelería, en supermercados y canal alimentación, y en tiendas de frutos secos y chucherías». «Todo el producto que podemos es local, aunque a veces es imposible: los pistachos vienen de Irán, o los higos de Turquía».

Viader reconoce que el tamaño siempre es relativo: «En nuestra zona sí que ocupamos un hueco de mercado que les gustaría a las multinacionales, pero nosotros somos muy pequeños, somos una pulga al lado de nuestra competencia». Aunque eso no sea ningún freno para crecer. «Cuando ves empresas importantes que había aquí y se están vendiendo... Como proveedores no tenemos problema con las multinacionales, pero como ciudadana me da mucha pena que se pierda el tejido empresarial local. Pierdes la proximidad». Asegura que a su despacho siguen llegando ofertas de compra, «pero no quiero ni saberlo, ¡ni que sea para evitar la tentación! Estamos invirtiendo parte de la vida en algo que aún nos hace mucha ilusión. Cuando ves en otras empresas las luchas de poder, me parece una gran pérdida de tiempo».

Judith no está casada ni tiene hijos: «Es difícil de decir, pero no es culpa de la empresa: cada uno toma sus decisiones, sería como cuando los padres dicen que todo es culpa de la escuela...». Cuando no trabaja, «descanso. Paso muchas horas en el trabajo, porque disfruto. Pero cuando tenga 60 años no iré al despacho los sábados..., este no es mi *hobby*. Cuando estoy de vacaciones desconecto. No tener la obligación del tener que hacer ya es un lujo».

# 39. La suerte de la quinina

**Charles Rolls,** *Fundador de Fever Tree*

La vida de Charles Rolls contada en unos minutos parece un guión de película, en la que Robert Redford podría encarnar al aventurero que de joven fue ingeniero de minas en Sudáfrica, luego directivo de una empresa de ginebra en Inglaterra, y que afronta, en su primera madurez, un renacer empresarial que le ha hecho recalar en la mediterraneidad de Barcelona. Y la historia tiene esas casualidades que van y vienen en el espacio y el tiempo y que tanto lucen en un guión: hace treinta años Charles volvía a Europa, cruzando África en camión, cuando en la frontera entre Congo y Ruanda enfermó de malaria. Curiosamente es allí donde está una importante plantación de árbol de la fiebre *—fever tree—*, de cuya corteza se extrae la quinina. La quinina le curó entonces de la malaria. Y ahora le ha convertido en un empresario de éxito al frente de Fever Tree, la tónica de moda, una empresa que en pocos años se ha convertido en referente para los sibaritas de todo el mundo y que tiene en España uno de sus principales mercados.

Charles Rolls (Londres, 1957) podría haber sido nieto del Charles Rolls que se asoció con Royce. Asegura que no lo es, pero que su abuelo de verdad, nacido en Sudáfrica, era igualmente su héroe: «Me fascinaban sus historias, el escenario africano, el sol, los caballos». En 1980 Charles, ya ingeniero de minas, se fue allí a las explotaciones de oro y metales básicos: «Para un hombre joven y blanco era un país increíble —como terrible para los negros—». Al cabo de dos años, lo dejó para estudiar un máster en la escuela de negocios francesa INSEAD; fue en ese camino de vuelta cuando se topó por primera vez con la quinina.

Charles Rolls sigue contando su historia: trabajó cuatro años en la consultora estratégica Bain, y luego decidió montar su propia empresa, un negocio «muy raro», reconoce. Había conocido a un tipo que inventó una bicicleta impulsada al mismo tiempo con los pedales y con un movimiento del manillar. Con su mujer, entonces todavía novia, descubrieron Barcelona rodando en esas *rokabike*. «Yo le di forma a la empresa», aunque luego fracasó, y se puso a ejercer de consultor de minas para grandes empresas. Y de nuevo habían pasado cuatro años —«toda la vida he trabajado por periodos de cuatro años, hasta ahora»—, cuando un amigo y socio le puso en contacto con tres inversores que habían comprado la marca de ginebra Plymouth a Allied Domecq con la idea de relanzarla.

Plymouth es la destilería más antigua de Inglaterra —que no de Escocia, puntualiza—. «Un bombón, prestigiosa, situada en un bonito lugar. Su historia está ligada a las aventuras de la Royal Navy, que la expandieron por el mundo». Y Rolls, que fue socio y director general, se cuela por un *flashback*: un día subió a la buhardilla de la destilería y encontró antiguallas como tesoros. De allí cogió la botella y la etiqueta antiguas que sirvieron para relanzar la marca con un nuevo posicionamiento de prestigio, pero sobre todo también la formulación de la graduación original. «La ginebra necesita más de 40 grados para mantener sus aromas esenciales. Después de la Segunda Guerra Mundial el alcohol escaseaba, y la mayoría de empresas bajaron la graduación». Así es como Rolls explica que lo cambió todo: con esta historia y mucho marketing consiguió «en 4 años multiplicar las ventas por 14». Y en el 2000 llegaron los suecos de Absolut con el talonario.

Rolls se fue, quería descansar. «Los dos primeros meses fueron increíbles, pero un empresario siempre quiere hacer cosas». Y había un joven que se había propuesto recuperar el nombre de East India Co. para licenciar productos con reminiscencias coloniales. «Él quería hacer una ginebra con esta marca, yo no quería volver a hacer ginebra. Pero nos caímos bien. Y él había estado investigando sobre la quinina, y yo tenía ideas de cómo debía ser una buena tónica». Y así fue como en el 2005 nació su asociación con Tim Warrillow (37 años) en Fever Tree. Intentaron entrar en España, que resulta ser el mayor país bebedor de *gin-tonics*, a través de distribuidores; «pero nadie nos hizo caso», hasta el día que les llamó el restaurant El Bulli. «Tuvimos la suerte de estar en el momento y el lugar adecuados». En el 2010 asegura que Fever Tree facturó 7 millones de libras (8,3 millones de euros): 40% en el Reino Unido, 25% en España y 25% en Estados Unidos.

Es Tim quien viaja a África, a las plantaciones que la empresa alemana Farmaquina tiene en el Congo; insiste en que son sostenibles, «hay que talar el árbol para extraer la quinina de la corteza, pero se replantan enseguida». Charles prefiere dejarse llevar por las brisas mediterráneas buscando nuevos aromas para sus *mixers*, que es así como llaman a la categoría de refrescos especiales para hacer combinados. «Con Tim hablamos cada día dos horas sobre mercados, productos, ingredientes. No hay empresa igual, ¡parecemos perfumistas!».

La sede de Fever Tree, y su casa, siguen en Londres, igual que sus hijos, pero Charles y su mujer se han mudado a Barcelona, donde puede navegar, esquiar, volar, disfrutar de restaurantes y coctelerías..., y donde está su distribuidora local, la empresa catalana ICC —fundada por Marc Calabuig, quien despuntó con los sifones para hacer las espumas de Ferran Adrià, y ahora se ha disparado con la tónica—. Ahora Charles está aquí, y cuando la empresa crezca... «no quiero dirigir una empresa muy grande. No me sorprendería que en unos años se repitiera la historia de Absolut. Pero ahora este negocio es muy divertido».

# 40. Del capricho al negocio hay un paso

**Guillermo Bosch y Anna Reverter,** *Fundadores de Central Café*

Esta es una historia de emprendedores, pero al revés: empezó como un capricho y se les ha ido de las manos, en el mejor sentido de la palabra, y en un sector en el que competencia no les falta: bares y restaurantes ya hay suficientes, ¿demasiados?, poco se nota uno de más... si no es que lo hace de manera muy diferente.

Guillermo Bosch era el responsable de la distribución de la firma mallorquina de zapatos Camper en Catalunya y otras zonas de España; viajaba mucho a Italia, «¡y allí nos tomábamos muchos cafés, y muy buenos!». Con Anna Reverter en 1997 abrieron —primero con un socio, enseguida continuaron en solitario— en un pequeño local de la calle Calvet de Barcelona, «una barrita para servir café excelente». —Unos años antes habían empezado a florecer en Barcelona las cafeterías «de puertas abiertas», como Jamaica y Café di Francesco. Starbucks es un concepto muy diferente y llegó algunos años más tarde—.

«Estuvimos investigando el mercado, buscando torrefactores, y después de dar muchas vueltas encontramos a Salvador Sans, con quien conseguimos una mezcla de cinco orígenes con un perfil de cata excepcional», relata Guillermo Bosch. El concepto Central Café se centró en cumplir su eslogan patentado: el de «mejor café de Barcelona».

Pero dio un paso más en el 2001, en un nuevo establecimiento en el barrio levantado sobre el antiguo campo de fútbol del Espanyol, en la calle Dr. Fleming. «Allí aportamos nuestra segunda esencia: los bocadillos, allí nacimos como *bikinería*», explica Anna Reverter. Después vinieron, en el 2005 y el 2006, los dos puestos en el centro comercial L'Illa Diagonal, donde a la esencia del Central Café se incorporaron las ensaladas. «Y por el camino hemos tenido experiencias con un gimnasio Dir y con la librería La Central que se han quedado solo en flirteos», apunta Bosch.

Esa maduración del negocio permitió a Bosch cerrar una etapa de veinticinco años en Camper y continuar como emprendedor. «La clave ha sido crear un esquema como el que utiliza Camper para crear y hacer crecer las colecciones. Yo tenía claro cómo había nacido y evolucionado ese modelo, y en vez de familias de zapatos, lo aplicamos a familias de bocadillos».

En el verano de 2010 Central Café abrió en la calle Tuset su quinto establecimiento que, con un espacio más amplio y una carta más completa, consolida el modelo de «comida urbana, sana, sobria, equilibrada», inspirada en el *raw food* que triunfa desde California.

Con una plantilla de 60 personas, cerró 2010 con 3,5 millones de facturación, y prevé superar los 4 millones en el 2011. «No soy partidario de las franquicias, se pierde el control de la esencia», dice Guillermo Bosch. Su objetivo es «focalizarnos en hallar nuevas ubicaciones emblemáticas en Barcelona», con algún socio financiero —«pero entrañable»— si es preciso.

# 41. Emprendedor de letras

**Joan Tarrida,** *Accionista y Director General de Galaxia Gutenberg*

El emprendedor de moda es un genio visionario de los negocios en internet y que todavía no ha llegado a la treintena. Poco a ver con Joan Tarrida, que tiene 51 y lleva toda la vida haciendo libros. «No sé hacer nada más que libros», dice; pero aún así también se ha hecho emprendedor. Después de casi veinte años al frente de Círculo de Lectores y de su sello Galaxia Gutenberg, un día pensó: «He estado muy bien, pero... ¿me veo así siete años más? Quizás ha llegado el momento de tener un negocio propio». Pero le hacía más ilusión continuar en Galaxia que montar nada desde cero, y decidió probar: «Se lo planteé a los dueños del sello editorial», que no eran otros que Planeta y Bertelsmann. «Primero no querían vender de ninguna manera...», pero les convenció. Y así, con un acuerdo amistoso con ellos, y el apoyo financiero de un grupo inversor, en 2011 se hizo emprendedor, director general y accionista de Galaxia Gutenberg.

Tarrida (Barcelona, 1959) estudió filosofía y filología románica; a los 15 años había empezado a trabajar, casualmente, en una imprenta, aunque solo imprimía blocs de albaranes... «Un día, cuando tenía 18 o 19 años, me crucé por la calle con un amigo que hacía de repartidor de libros. Le dije que si me encontraría trabajo». Y entró en Llibres del Mall para hacer composición de libros, tenía que picar de nuevo los manuscritos. «El primero que compuse fue *Estimada Marta*, de Miquel Martí i Pol». Se quedó en la empresa hasta que cerró, en 1987. «Entonces me dediqué a escribir, viví un tiempo en París traduciendo a Voltaire, Baudelaire o Diderot». Y de nuevo, otro amigo fue quien le propuso entrar en el comité organizador de los Juegos Olímpicos. «Me ofrecieron dirigir las publicaciones. Ahora te das cuenta de que los Juegos hicieron posible que gente muy joven cogiéramos mucha responsabilidad. Yo tenía 30 años y negociaba cosas como que los de 'Time' publicaran la revista oficial en cuatro idiomas, no lo querían hacer». Y aún había competiciones cuando le llamaron de Plaza & Janés: «¿Qué harás después de los Juegos?», le preguntaron. «Yo quería descansar, pero me propusieron dirigir el área de enciclopedias...».

Galaxia Gutenberg es una editorial «que quiere publicar ensayo y ficción de calidad», afirma Tarrida: nació en el gran grupo Bertelsmann como una división de Círculo de Lectores, era la que se encargaba de las obras completas, de los libros ilustrados, «que en las librerías tienen una salida difícil, y que en cambio son más fáciles de vender por catálogo». Su objetivo principal, pues, era alimentar Círculo, aunque en el 2004 se independizó. «Con su apoyo, pero entonces también pensando en vender en las librerías». De esta manera Tarrida explica que fueron «normalizando» la editorial, aunque dentro del grupo seguía siendo una de las más «elitistas», un adjetivo, sin embargo, que a él no le gusta nada: «Yo no voy de eso, solo hago los libros que me gustan y que pienso que gustará leer a un público más... literario». Galaxia ha ido creciendo en público y en credibilidad, que quiere decir que alguien que no conoce a un autor se atreva a leerlo avalado por el sello que lo publica. «Eso, para una editorial, es esencial, con tantos libros que se publican es muy difícil que puedas dedicar esfuerzos por convencer a la gente de que los lea todos».

Dice que cuando en 2008 Bertelsmann hizo un primer intento para vender los clubs de lectura, «ya pensé: esto adquiere otro aire...». Y cuando a mitad del 2010 Planeta compró el 50% de Círculo, pensó que había llegado su momento. «Les aseguramos que Galaxia sigue alimentando el Círculo, hay interés mutuo. Y con tantos cambios en la economía y en el mundo del libro, una estructura pequeña te permite ser muy ágil».

Tarrida pidió a una asesoría financiera, Eurohold, que le ayudara a diseñar la operación, y les gustó tanto el proyecto que decidieron participar como accionistas, en una transacción de la que solo quiere decir que se valora con siete cifras. «Buscamos más socios, he encontrado grupos familiares sensibles al proyecto cultural, ¡que no quiere decir en absoluto estar dispuesto a perder dinero!». Necesitarán unos 600 000 euros, para negociar derechos de autor, y que no son de inmediato retorno: «Es más bien un proyecto de esos para decir… "esto me apetece"».

De Bertelsmann explica que aprendió una valiosa manera de trabajar: la que cree que la empresa la hacen tanto los propietarios como los directivos y empleados, y en la que todo el mundo debe tener iniciativa. Parte de la idea de que nadie sabe mejor cómo hay que hacer las cosas que quien está en el lugar de hacerlas, y es muy participativa. «En otras empresas, si siempre te dicen lo que tienes que hacer, al final nadie se hace responsable de nada». «Con Bertelsmann vi negocios en China, en Turquía. He hecho seminarios en Harvard… es una empresa muy internacional que te abre la visión del negocio y de la vida».

Desde enero de 2011 su empresa es Galaxia Gutenberg. Compró la marca, los *stocks* y el catálogo. Ahora son cuatro personas y muchos externos: «Hay gente muy buena que está sin trabajo, la situación te permite tener buenos equipos trabajando parcialmente para ti». En el primer año, a precio de venta al público, Galaxia facturará unos 5 millones de euros. Un 70% son novedades, y un 30% títulos del fondo, «es lo que tiene que crecer, encontrando autores que mantengan las ventas a lo largo del tiempo».

Tarrida conserva las libretas donde ha ido apuntando todos sus libros desde los catorce años. Reconoce que no es lo mismo la lectura profesional —«le buscas si interesará, si está bien construida»— que leer por placer: «cada vez me gusta más el ensayo de actualidad, vivimos un momento fascinante y preocupante y necesitamos claves para saber qué está pasando». Sin renunciar a las grandes novelas, las *Guerra y Paz*, de todos los tiempos. «¿Que qué tiene un libro para que la gente lo compre? No lo sabemos. También publicamos muchos libros que no se venden...». Una sorpresa ha sido la novela rusa *Vida y Destino*, un tocho de 1200 páginas de la que se llevan 250 000 vendidos en España.

Casado, sin hijos, juega a tenis tres veces a la semana, un deporte que le gusta tanto como andar por la montaña o viajar. Y lo digital no le preocupa demasiado: «De momento las ventas son ridículas, porque no se gana dinero. O se consolida, o no sé qué pasará. Aunque lo importante es que la gente tenga ganas de pagar por el libro, sea en papel o en digital».

# VII. Y si algo no existe, te lo inventas

Inventarse un producto o un servicio es la innovación en su máxima potencia. A veces es fruto de un gran desarrollo científico. Pero otras es sencillamente una oportunidad que tenemos delante de nuestras narices y en la que nadie antes había pensado como negocio. Como el primero al que se le ocurrió que el tapón de la botella de agua fuera de rosca —¡antes, no hace tanto, una botella de agua se abría y ya no se podía volver a cerrar!—. O el envase bocabajo, que ha transformado el uso de productos como el *ketchup* o la leche condensada. O la solución a la vida moderna que significó llenar un *tetrabrik* con caldo de la abuela: esa fue una inspiración de Gallina Blanca, la misma compañía que medio siglo antes había popularizado las pastillas de caldo en la época de necesidades —alimenticias— que fue la postguerra española. Y ahora, aunque parezca evidente que estamos saturados de todo y que ya no necesitamos de nada, siguen surgiendo iniciativas innovadoras con ganas de descubrir y solucionar el mundo.

# 42. El sorprendente caso de la paella en lata

*Just Married y Querida Carmen*

Fue hacia 1980 cuando el chef Carles Camós empezó a envasar y vender en raciones el sofrito que preparaba para sus arroces, porque sus clientes se lo pedían: querían repetir en casa el placer de degustar las recetas que les servía en el Big Rock de Platja d'Aro. En 2003 los arroces de Camós volvieron a hacer chup-chup en muchos fogones, porque este cocinero empezó a producir sus recetas, envasarlas en latas y venderlas en comercios de alimentación y tiendas *gourmet*. La historia tomó forma de empresa en 2004 y vendió más de 210 000 latas de arroz negro, arroz a banda o fideuá. En el 2005 facturó 630 000 euros.

Cada lata contiene sofrito y caldo y se acompaña de la cantidad de arroz para dos o tres raciones. Solo hay que calentar el contenido, añadir el arroz, cocer los minutos indicados, y el plato ya está listo para servir. Camós empezó solo esta nueva aventura, pero enseguida encontró en un viejo amigo a su socio, Emili Sabadell, y a la empresa la bautizaron como Just Married. «Estamos como recién casados», bromeaban en 2005. «La empresa nace de encuentros y coincidencias». Emili Sabadell trabajó en los Juegos Olímpicos de Barcelona y durante doce años vivió en China dirigiendo los negocios del grupo Agrolimen. Pero «en enero del 2005 decidí volver a ser gestor de mi tiempo y consolidar mi vida privada, y me retiré al Empordà». Por su parte, en los años noventa Camós atravesó una difícil etapa familiar que afectó a la marcha del Big Rock, un restaurante que en su día había gozado de una estrella Michelin.

Pero en esta historia el nombre no fue premonitorio. Los recién casados, Camós y Sabadell, se acabaron divorciando enseguida, aunque sí lograron el mérito de haber creado todo un sector, que ha dado lugar a mucha competencia. Sabadell continuó con Just Married. En la cocina de Palamós sigue cocinando nuevas recetas en lata, ha diversificado hacia soluciones para restauración, nuevos formatos, y ha empezado a vender en el extranjero. Emplea a nueve personas, factura alrededor de un millón de euros.

Y el arroz en lata se ha consolidado como producto y ha generado otras iniciativas emprendedoras. Como el proyecto de Querida Carmen, la marca comercial de BCN Gourmet, que quiso aprovechar este nicho de mercado partiendo de una buena receta y mejores padrinos. Es una sociedad creada en 2009 por un grupo de empresarios catalanes con una inversión conjunta de 300 000 euros: los hermanos Crous Aguilera —hijos del director general de Damm, Enric Crous—, Xavier Beltrán, de Auto Beltrán, la sociedad Vins Rars —en la que participan Quim Vila y Ciscu Martí—, y Àngel Bosch, empresario de Lleida que es el socio industrial del proyecto. En las instalaciones de Precocinados Àngel Bosch, en Fraga, es donde se elabora el producto, que nació con cuatro recetas —fideuà, paella, arroz negro y risotto de setas— y la intención de ampliar oferta y exportar.

# 43. Inventarse... ¡los trasteros!

**Alexander Ruckensteiner,** *Cofundador de Bluespace*

Alexander Ruckensteiner había escuchado muchas veces eso de «este negocio aquí no puede tener éxito». Se lo repetían bancos, cajas y capital riesgo cada vez que pedía financiación para montar una empresa de trasteros de alquiler. Aun así, este austriaco decidió arriesgar. No iba solo, porque un conocido le presentó a un joven francés, Arnaud Ripert, que también pensaba en el *selfstorage*. En 2002, con 200 000 euros cada uno, alquilaron un edificio en l'Hospitalet de Llobregat y crearon Bluespace.

En menos de una década, Bluespace se ha consolidado como el operador de referencia de este sector en España. A principios de 2011 cerró la adquisición de su principal competidor en Barcelona, Reserva Self Storage, por 4,5 millones de euros. La operación contó con el apoyo del principal accionista de Bluespace desde 2006, Pramerica Real Estate Investment, fondo de inversión inmobiliaria con sede en Londres perteneciente a Prudencial Financial, y que controla alrededor del 86% del capital —el resto se reparte entre Ruckensteiner, el 7%, y accionistas minoritarios—.

Bluespace, con sede en Sant Just Desvern (Barcelona), facturó 13,7 millones de euros en 2010, con un crecimiento del 23% sobre el año anterior. Tras comprar Reserva tiene diecinueve centros en España, focalizados en las zonas metropolitanas de Barcelona, Madrid y Valencia. El objetivo son cincuenta centros en estas zonas. «Tenemos todavía mucho recorrido: en Londres hay seiscientos centros para una población de diez millones de personas». Bluespace, con el apoyo de Pramerica, puede aprovechar las oportunidades que brinda la debilidad del mercado inmobiliario. De la crisis saca oportunidades, pero a punto estuvieron de no contarlo: en julio de 2007, semanas antes de que estallara la crisis financiera estadounidense, firmaron una línea de crédito por 45 millones con el alemán HypoReal State, que les permitió hacer la travesía con las finanzas cubiertas: «Tuvimos suerte; tras la crisis estadounidense hubiera sido imposible», dice Ruckensteiner.

Nacido en Innsbruck en 1966, cuando Alexander Ruckensteiner creó Bluespace ya llevaba una mochila cargada de experiencia en multinacionales, donde forjó su carácter financiero y negociador. Estudió Economía —«me financié parte de los estudios haciendo de guía de montaña en verano en Chamonix y de monitor de esquí en invierno»— y se doctoró en el MIT (Massachusetts Institute of Technology) de Estados Unidos. A su vuelta, una empresa de cartón reciclado, con 13 000 empleados, le fichó como asistente del director general.

«En Austria todo el mundo se conoce, es como Catalunya. Si eres inteligente y encima conocen tu apellido, pues resulta más fácil abrir puertas». Su padre tenía una industria textil con 300 empleados, que fabricaba las tradicionales chaquetas tirolesas, y «tuvo la genialidad de vender justo cuando entraban los chinos». Desde los once años Alexander había trabajado en el almacén, y recuerda lo bien que olían los sacos de algodón, sobre los que incluso se quedaba dormido.

Tenía 24 años cuando empezó en la papelera y, a la segunda semana, el jefe le mandó a negociar una rebaja de la comisión con un distribuidor. «De él aprendí mucho de la cultura de coste. Incluso en un hotel apostaba a quién de los dos conseguiría un mejor precio de la habitación». Pero allí no veía expectativas de carrera y a los dos años y medio se fue a otro gigante del sector, Frantschach —ahora Mondi—, como jefe de *controlling*. «En 1995 me mandaron a España para vender el 30% que tenían en la papelera de la familia Alier. Negocié y salió muy bien, ellos se quedaron la papelera y nosotros las dos fábricas de manipulación de papel, en Abrera y Zaragoza, y me encargaron la gestión».

Asegura que en la escuela de idiomas de Viena «aún me odian», porque para aprender español pidió durante dos meses un profesor de 6 a 8 de la mañana. Con su mujer se instalaron en Sitges y luego en una finca de Sant Pere de Ribes que han restaurado. Tras sanear la empresa asumió tareas de fusiones en la casa matriz —«durante dos años casi solo viajaba: compré empresas en Jordania, en Turquía, en Malasia»—, hasta que recibió una llamada de un banco austriaco para reflotar el grupo de esquí Raichle-Kneissl-Dynafit-Dachstein. Era un caramelo porque significaba estar otra vez en sus montañas. Negoció despidos, quitas con los bancos y al final todo se vendió: «Hubiera sido más bonito hacer crecer de nuevo las marcas, pero no había dinero. Y fue un saneamiento muy duro. No dormía, me causó problemas psicológicos. Era demasiado joven». Pero le pagaron muy bien, lo suficiente para tomarse el 2001 como año sabático. «Mi mujer quiso volver a nuestra casa de Sant Pere de Ribes. Yo tenía varias ideas de negocio y las maduré», al tiempo que iba en bicicleta hasta Montserrat para escalar y se dedicaba a «crear muchos contactos y a hacer algo de consultoría».

Cuenta que la idea de los trasteros de alquiler le había surgido diez años atrás en California, donde fue a escalar con unos amigos al mítico Yosemite Valley. «Desde la autopista vi varios almacenes. Paré y pregunté qué hacían. Entonces pensé: ¿por qué no hay este negocio en Europa?».

Arnaud Ripert venía de The Boston Consulting Group y de su trabajo conjunto salió «un business plan precioso», el mismo que les rechazaban: «Llamamos a tantas puertas, y de primer nivel...». Al fin el negocio arrancó y les absorbió: «De día comercializábamos los trasteros, de noche escribíamos los planes de crecimiento y los domingos hacíamos mudanzas con una furgoneta». «Nuestra clave es vender un producto muy tonto de forma muy seria, con excelencia profesional», dice. Y está convencido de una cosa: «España, es un país con muchos problemas, pero también con muchas oportunidades, especialmente Catalunya».

# 44. Humanismo rentable

**Pilar Almagro,** *Fundadora y Directora General de Vertisub*

Pilar Almagro trabajaba en el control central de los *Bombers* (bomberos) de la Generalitat de Catalunya cuando, un día, un jefe le dijo a una compañera: «A ti no te pagan para pensar». «Decidí que no quería seguir allí. ¡El cerebro es la mejor herramienta del ser humano!».

Como bióloga que es, explica que entonces detectó en el mercado un «nicho ecológico» en el que desarrollarse como empresaria: «Veíamos andamios enormes para hacer trabajos de poca monta». Y en el vivero de empresas de Barcelona Activa creó Vertisub en 1989, para hacer obras en altura, profundidad o difícil acceso, pero con los mínimos medios posibles. Ni la trayectoria ni el formato y la gestión de empresa de Pilar Almagro tienen nada de convencional: «La clave está en el concepto de ser humano que se tiene», argumenta. «Es un ser libre que elige lo que quiere ser y hacer en un momento determinado».

Almagro nació en Mallorca en 1962. Hija de padres cántabros, la mayor de seis hermanos, pasó gran parte de su infancia viajando por España y la adolescencia en Cartagena. Allí estudió Magisterio y Biología. Vino a Catalunya por su marido, a quien había conocido escalando una vía en Murcia, y aquí ella se especializó como técnico superior en Acuicultura Marina. Quizá su vida no tendría nada que ver si la directora de tesis le hubiera dejado utilizar una técnica radiactiva para estudiar las *espardenyes* —pepinos de mar— sin sacrificarlas. Pero se opuso, y Pilar dejó el doctorado y se puso a trabajar. Primero en un laboratorio farmacéutico y después opositó a Bombers —su marido estaba en un equipo de rescate—. Dice que ha comprobado que «las personas, en el entorno adecuado, tendemos a crecer. Cuando diriges un grupo, lo único que tienes que hacer es crear las condiciones para que la gente esté tranquila y crezca. Normalmente una forma de destacar es pisando a los demás; pero para destacar por ti mismo necesitas contar con gente mejor que tú y eso da miedo». Eso significa, por ejemplo, que la gente en la obra es la que decide hasta dónde llega, o si para porque tiene frío. «Yo no lo puedo decidir desde un despacho. Y en general, la gente cuando se siente libre actúa bien». La suya no es una inocencia infantil. «Ya sé que hay gente muy mala, pero no podemos tratar a todo el mundo como sospechosos». La realidad obliga: «Cuando hay mal rollo, baja el nivel cognitivo. Puedes poner en peligro el trabajo, y en nuestro caso, la vida».

En Vertisub trabajan unas 200 personas de perfiles muy variados: de 13 nacionalidades, desde un profesor emérito de la UPC hasta personas que han vivido en la calle. «Al campeón europeo de escalada no lo hemos contratado; pero sí a gente que nunca antes había visto una cuerda. No todo es técnica, se necesita una parte humana». Desde esta perspectiva afronta ella la crisis: «Vivimos un problema de oferta, no de demanda. ¿Cuándo se reactivará la demanda? ¿Dónde está el dinero que se ha inyectado? No estamos ofreciendo al mundo los productos que necesita, al precio y a la calidad que se necesita». Alrededor de Vertisub, Pilar ha ido creando nuevas empresas que satisfacen su inquietud de conocer y crecer. Adquirió la ingeniería Proaltec, y ha constituido Crea Innovació. «Lo que nos gusta es buscar solución a cosas que no tienen».

Por primera vez en España un grupo de buceadores han realizado el mantenimiento dentro de un pozo de aguas contaminadas nucleares. Y está a punto de patentar un sistema de relojes y antenas para el control de personas en espacio confinado, donde no hay cobertura de móvil —un silo, un colector—. Hace formación a trabajadores de todo el sector, y consultoría en seguridad, y apoya a sus trabajadores que quieren ser emprendedores —de Vertisub han nacido 14 empresas—.

Para Almagro, el trabajo y la vida personal tienen que ser una sola cosa. «Cuando no lo son, aún da más problemas. Debes plantearte la vida como un todo». Miquel es su socio en Vertisub, donde ejerce de técnico del departamento industrial. Lo que ni la mayoría de clientes sabe es que es también su marido. «Esto no es una empresa familiar», aclara. Pero al mismo tiempo, «él se siente muy orgulloso de mí. Y no es lo normal: cuando nos reunimos mujeres empresarias, casi todas están divorciadas. Los hombres suelen llevar mal que ellas tengan éxito». Almagro hizo parapente de competición, hasta que un día, en el Montsec d'Ares, se rompió las dos piernas. «Entonces decidí tener hijos». Cuando nacieron Ares y Rebeca, «mis padres me advertían: "no las mezcles con el trabajo". Después me di cuenta de que es bueno implicarlas, compartimos mucho».

No tiene problema en subirse a una obra, aunque esté en las torres de la Sagrada Familia. «¡Pero ahora soy más bien un estorbo!». Cuenta que tiene todavía un parapente por estrenar. Hoy lo que le ocupa es el doctorado en Ingeniería sobre la seguridad en las grandes obras. También cursa Filosofía en la UAB. «Aquí parece que si no sigues el carril... Pero creo que tienes que estudiar otras cosas, para vivir la vida desde las máximas perspectivas». Ha creado la Editorial A, para difundir ideas, y ella misma escribió el *Libro de las horas*, a la usanza medieval. «Nunca me he aburrido. ¡A mí me rinden los cuartos de hora una barbaridad!». Y cada noche, antes de acostarse, se toma un té en su terraza. «Unos minutos para pensar en la empresa, en la vida». Y que le ratifican que el origen de todo, de los beneficios y de las pérdidas, está en el concepto de ser humano que se tenga.

# 45. La revolución silenciosa

**Elena Gómez de Pozuelo,** *Fundadora de La cigüeña del bebé y Secretariaplus.com*

En 2010 se cumplieron diez años del momento en que Elena Gómez firmaba ante notario la creación de secretariaplus.com. Y parece que haya pasado un siglo. La empresa nació en pleno *boom* irracional de los portales de internet, cambió, sobrevivió, se vendió... Elena Gómez (Madrid, 1963) decidió, en verano de 2009, apearse del proyecto. «Me apetecía dedicarme a otras empresas, tengo miles de contactos y nunca los he explotado para mi propio negocio. Ahora sí».

Como en las películas, la historia había empezado un día cuando Elena paseaba por Sant Cugat del Vallès (Barcelona) y se reencontró con un antiguo compañero de facultad de Madrid... que estaba casado con Sara, una conocida de la infancia de Elena. Se hicieron amigas y montaron una tienda de ropa de niños. Era 1994. Poco después «nació mi segundo hijo, me inundaron de ramos de flores y los tuve que dejar en la clínica. En la tienda vendíamos ropa de bebé, y se nos ocurrió ofrecerla, a través de internet, en cestas como regalo de empresa». De ahí salió La cigüeña del bebé, que reparte 15 000 cestas al año, por encargo de jefes, alcaldes y presidentes incluidos, como regalo de nacimiento.

De nuevo emprendedora, su experiencia la avala para presidir la Federación Española de la Economía Digital, y representa al sector en la patronal CEOE, donde, lamenta: «Estamos tan pocas mujeres, no llegamos al 5%».

Elena Gómez del Pozuelo estudió Derecho «porque no sabía que llevaba sangre emprendedora en las venas: tienes ideas y quieres ponerlas en práctica...». Cursó un máster en derecho comunitario en Bruselas, el mismo año en que España ingresaba en el Mercado Común Europeo. Allí conoció a Luis Comas; «Entonces él decía que la mujer con la que se casara dejaría de trabajar..., y ya ves». Se mudaron a Sant Cugat, y ella empezó como directora general de la Asociación Española de Marketing Directo —que en 1998 dio lugar a la de Comercio Electrónico—. «A mí me apetecía montar un negocio, ¡y eso me costó discusiones con mi marido!». Él es abogado —tenía responsabilidad mundial en Pricewaterhouse, luego pasó a Seat-Volkswagen— y «veía los riesgos de dejar un trabajo fantástico: "¿ahora te vas a arriesgar? ¿sin horarios? ¿en el sector de internet?", me decía. Estábamos en pleno *boom* y él veía venir el estallido de la burbuja». Al final la apoyó: «De otra forma no habría sido posible. Te puedes meter a empresario si tienes el apoyo y el salario de la pareja... Estuve tres años sin cobrar, luego lo recuperé en acciones; puedes ahorrar en muchas cosas, pero la casa y el colegio no se pueden dejar de pagar».

La historia de secretariaplus.com arrancó ese 5 de enero del 2000 ante el notario, con veinte millones de pesetas (120 000 euros de ahora) propios, de amigos y familiares. Al cabo de tres meses, dos empresas pagaron 3,9 millones de euros por el 45% del capital. Eran Tecnocom y Otto Versand, el gigante alemán de venta a distancia. «Quisimos abrir en Alemania, Italia, México..., llegamos a tener 15 000 secretarias afiliadas en Francia... Pero en seis meses cerramos. Muchas veces hemos pensado: si volviéramos a empezar, ¡ese dinero luciría tanto! Nos gastamos 800 000 euros en publicidad para tener las 20 000 primeras secretarias afiliadas... y en el 2006, cuando creamos directivosplus.com, logramos los 20 000 primeros con 80 000 euros. ¡La experiencia es una pasada!», exclama ahora. Pero aunque sea en internet, la experiencia no la regalan, hay que pasarla.

«Los primeros años fueron durísimos. Las empresas puntocom eran sinónimo de ladrones. Tuvimos que cambiar el modelo de negocio: no podíamos vivir de comisiones y *banners*, tuvimos que crear servicios, una feria, un máster de secretariado...». Sin haber sido nunca secretaria, Gómez se encontró trabajando para *dignificar* a unas trabajadoras tan acostumbradas a los tópicos como a resolver situaciones: por aquel entonces a muchas se las conectaba a internet en lugar de a sus jefes...

Elena Gómez cuenta que en el 2007 les contactó un grupo de trabajo temporal que en otros países europeos utilizaba la marca Secretaryplus, que quería comprarles el nombre. «Les dijimos que no, y entonces nos ofrecieron seis millones por la empresa». Tenía 110 000 afiliadas. «Me desgarré por dentro, fue como vender a un hijo. Pero multiplicamos la inversión y eso produce mucho orgullo». Y fue, sin saberlo, una liberación: era verano del 2007, antes de que estallara la crisis; «en septiembre ya no hubiéramos vendido». Gómez siguió dos años, «pero es muy diferente trabajar en una multinacional, las decisiones son muy lentas... Como empresario, cuando ves una oportunidad, te arriesgas, aunque salga mal. No puedes esperar seis meses a tener los informes...».

Madre de tres hijos adolescentes, dice que «es básico tener un marido inteligente que valore si le compensa perderte o apoyarte. Aunque él sea un padre ejemplar, la que he estado siempre al pie del cañón he sido yo. Me he quitado muchas horas de sueño. Es básico tener ayuda en casa. Yo me he dedicado 100% a mis hijos, a quien he abandonado es a mí». Ahora valora «el tiempo para ir al gimnasio, a la pelu..., no pido más». Y se ha convertido en militante que reivindica el *networking* entre mujeres y la aplicación en la empresa de los valores tradicionalmente considerados femeninos: «¡Los horarios españoles no tienen sentido!». Sabe mucho de internet, pero «¡de tecnóloga no tengo nada! Me fascina el cambio que se está produciendo en la sociedad: en España hay veinticinco millones de internautas y el 80% dominan el uso de la red —cifras de 2010—; pero si hay tres millones de empresas, solo 600 000 tienen web, y solo 70 000 la aprovechan... Por falta de formación, muchos directivos no se dan cuenta de la revolución silenciosa que nos va a afectar a todos».

# 46. Del ocio al negocio de la costura

**Jordi Vallverdú y Carolina Delgado,** *Fundadores de Tailor&Co*

Juanita siempre había cosido en casa, cuidó de sus cinco hijos hasta que se independizaron, y de su madre hasta que falleció. Su hija Carolina temió entonces que a Juanita le afectara el síndrome del nido vacío, que se deprimiera, y pensó en montarle una tiendecita para que hiciera arreglos de ropa. Aprovechó que Jordi Vallverdú, que era el director de expansión de la empresa de juegos NewPark, conocía muy bien el funcionamiento de los centros comerciales —negoció la apertura de 85 boleras y centros de ocio en España y 4 en Italia—. Y en 1999 alquilaron un pequeño local de veinticinco metros cuadrados en el Centro Comercial La Maquinista, en Barcelona, para que Juanita estuviera activa. Así es como los propios protagonistas explican la historia: la costurera Juanita Fraidias, la economista Carolina Delgado y su marido, el ingeniero Jordi Vallverdú, empezaron a industrializar una actividad artesanal como son los arreglos de ropa. Doce años después, se había convertido en una empresa, Tailor&Co, con 42 tiendas —8 propias, el resto franquicias— y que en el 2010 facturó 5,7 millones de euros —un 6% más que el año anterior—. «Coser y arreglar prendas es una necesidad que está en el mercado, pero que cada vez menos gente lo sabe hacer», comenta Vallverdú.

«La primera tienda enseguida nos empezó a ir bien y pudimos autofinanciar el crecimiento». En dos años ya tenían seis: Carol Delgado dejó su puesto como secretaria general de la Fidem, y en el 2003 Vallverdú dejó NewPark. Además de gestionar las tiendas —que son el 90% del negocio—, Tailor&Co aúna la experiencia de Vallverdú y es una oficina técnica de proyectos para terceros, y consultoría de expansión: uno de sus principales clientes es GameStop, la multinacional estadounidense de videojuegos que ya ha abierto 156 tiendas en España.

Tailor&Co ha evolucionado con el mercado: al principio el 70% de la actividad eran arreglos de ropa nueva y el 30% de ropa de armario. «Ahora es al revés, y también personalizamos, transformamos y aportamos moda, o vendemos complementos, marcadores o *gadgets*». «Sin darnos cuenta realizamos casi una labor social, porque contratamos a un colectivo desfavorecido en el mercado laboral», matiza Vallverdú: de una plantilla de 156 personas, 153 son mujeres, de 58 años de media. La mayoría de tiendas están en Catalunya, también tienen en Canarias, Madrid, Mallorca, País Vasco, Valencia, y Zaragoza. Y les vino a buscar un socio franquiciador en Chile —dos tiendas— y otro en Andorra —dos tiendas más—. «Pero ahora vamos a ser activos, nos hemos preparado para abordar el mercado británico». Y en España «aún tenemos mucho margen para crecer».

# 47. La reinvención del gancho

**Òscar Fillol,** *Creador y Consejero Delegado de Elebia*

Hay inventos que, una vez inventados, parece que hayan existido siempre. ¿Alguien se acuerda de cuando las botellas de plástico de agua no llevaban tapón de rosca? Algo así debió de pensar Òscar Fillol cuando se le ocurrió mejorar el funcionamiento de los ganchos que se utilizan en las grúas para mover cargas. El resultado, tres años y un millón de euros invertidos después, fue Elebia, un gancho automático con control remoto que engancha y libera las cargas a distancia y de forma segura, según explica la descripción del producto. Es decir, no es necesario que un operario se suba a la carga y manualmente coloque las cuerdas o cadenas en el gancho; al final del brazo de la grúa está el Elebia, que se coloca sobre la carga y acciona solo, teledirigido por el gruista, y solo necesita que la cuerda en cuestión tenga un componente metálico que responda al imán.

Elebia salió al mercado a mediados de 2009, y en los meses de ese año registró una facturación de 350 000 euros, asegura Fillol. Elebia ha surgido en el seno de la empresa Artisorra, de tratamiento de tierras y propiedad del holding familiar Vivendi Patrimonis, que dirige Jordi Fillol. Su hermano Òscar, ingeniero, relata cómo surgió la idea cuando se plantearon mejorar la productividad y la seguridad en los movimientos de cargas que hacían con camiones grúa en su empresa. Desarrollaron el invento en colaboración con la UPC (Universitat Politècnica de Catalunya), y en su fabricación han participado tres empresas catalanas, una de mecanizados de Cornellà de Terri, una de electrónica de Vic, otra de Salt en los imanes y una del País Vasco para la parte metálica.

«Es un producto que por sí solo será viable», asegura Fillol. Toda la inversión —desarrollo, patentes— corrió a cargo de Artisorra y ahora Elebia explora nuevas vías de financiación, incluidas las ayudas del CDTI (Centro para el Desarrollo Tecnológico Industrial). Elebia ha creado una red de distribución y servicio técnico a través de unos veinticinco talleres carroceros en España. «Nos han venido a buscar de Portugal, Bélgica, Alemania, el Reino Unido, Taiwán, Grecia o Bielorrusia». El producto Elebia, que cuesta entre 2400 y 3000 euros, consta del gancho articulado, el mando a distancia y un cargador. La primera versión carga hasta cinco toneladas, que cubren el 90% de utilidades que realiza un camión grúa, y en 2010 salió el modelo Elebia10 —hasta diez toneladas—, que amplía su utilización a grúas en los puertos o en naves industriales. En 2010 se consiguió el objetivo de ventas, y en 2011 estaba previsto superarlo. La empresa también ha desarrollado acuerdos comerciales para fabricar elementos accesorios: los Texbor, para las eslingas patentadas, y con Climesa, para fabricar las *bigbags*.

# 48. Innovación sobre ruedas

**Pere Pi y Ot Pi,** *Fundador y Director General de Monty*

Hubo un tiempo en que en España había fabricantes de bicicletas, como de tantas otras cosas que se vieron arrasadas por la industrialización china. Y después de ese tsunami, quedaron unas pocas empresas, como setas fuera de temporada, que aguantan porque han encontrado su nicho. Es el caso de las bicicletas Monty.

Desde su creación a mediados de los años 80, Monty se ha ido especializando en bicicletas diferentes: trial, BMX —equivalente al motocross—, *freestyle* —acrobacias— o *mountain bikes* infantiles. «Hacemos bicicletas atípicas, que son casi únicas en el mundo». Pere Pi, ingeniero y fundador de Bicicletas Monty, se inventó el bike trial como deporte, escribió el reglamento y fue el primer presidente de una Federación Internacional que hoy tiene delegaciones en unos cincuenta países. Su hijo, Ot Pi, fue el principal impulsor y campeón de esta disciplina.

Pere Pi era ingeniero en Montesa y había sido varias veces campeón de España: de velocidad en 125 c.c., siete veces de motocross, y el primero de trial. «Cuando en septiembre de 1983 Montesa suspendió pagos, nos tuvimos que buscar la vida. Yo había empezado a hacer la primera bicicleta de trial del mundo, la Montesita. Empezamos a exportarla, y fue portada en una revista de Japón. Y pensé que teníamos que continuar con ese proyecto».

En sus inicios, Monty fabricaba muchas de las piezas para sus bicicletas. Pero ya en los años noventa empezó a comprar en Asia. «Aquí no hay prácticamente industria de componentes y Taiwán era el mejor fabricante del mundo». Monty cuenta ahora con un equipo de proveedores en Taiwán y China, con los que trabaja muy estrechamente, y para otras piezas, como los frenos hidráulicos, recurre a Alemania. En la planta de Monty en Sant Feliu de Llobregat (Barcelona) se montan las bicicletas y se realiza el diseño, el control y la comercialización, además de la promoción del deporte.

En 2003 Ot Pi asumió la dirección ejecutiva de la empresa que fundó su padre, y a la que ha estado siempre vinculado como deportista. Pere Pi sigue de presidente y consejero. El capital de Monty está controlado en un 50% por Pere Pi y su esposa, Maria Isern. La otra mitad es propiedad del grupo BH, el clásico fabricante de bicicletas del País Vasco, propiedad de la familia Beistegui. «A los pocos meses de fundar Monty, BH se interesó por nuestras bicicletas y quisieron apoyarnos, pero no intervienen en la gestión», aclara Pi. Aunque este sector no es ajeno a los ciclos de la economía «muchos lo han intentado, y casi todos han desaparecido», Pi dice que el secreto ha sido reinvertir siempre el 90% del beneficio. «No pueden pasar de moda los deportes que no están de moda. El bike trial es duro, y cada vez más técnico», concluye Pi.

La innovación es lo que mueve los pedales de Monty: en bicicletas de trial, plegables, luego las eléctricas. «Es un producto de diseño propio, al que dedicamos muchos esfuerzos, y que nos está dando proyección internacional. Plegables, funcionan con una batería que se recarga como un móvil, y tienen autonomía de hasta 50 km», dice Ot Pi.

Bicicletas Monty facturó 6,5 millones de euros en 2010. «Nuestro objetivo es crecer en exportaciones, que alcancen el 30%». De hecho, Japón es uno de sus principales mercados. «Buscamos que Monty sea un producto de calidad y más diferenciado: que sea la bicicleta plegable más ligera, la de paseo más cómoda». «Estamos en un mundo de muchas oportunidades», afirma Ot Pi. «Lo importante es saber encontrar estas oportunidades. Pero si no las buscas, nadie vendrá a traértelas a tu casa. Hay que fijarse y salir a buscarlas».

# 49. Un nuevo cubo para la fregona

**Carlos y Juan Rivadulla,** *Fundadores de Ecofrego*

Carlos Rivadulla es abogado especializado en patentes, trabajaba en el despacho Clifford Chance. Juan Rivadulla, economista y MBA por ESADE, estuvo en Nutrexpa y Chupa Chups y se dedicó a gestionar importaciones desde Asia. Ambos hermanos son emprendedores: con una inversión —de su bolsillo, créditos y entorno— que se acerca a los 180 000 euros y tras dos años de trabajo, a principios de 2010 lanzaron al mercado Ecofrego. Se trata de un cubo para fregar, cuya innovación consiste en que tiene dos escurridores y dos compartimentos de agua, para separar el agua limpia del agua sucia. «Es un producto que faltaba en el mercado: innovador, funcional, ecológico, eficaz y con buen diseño», explican: la idea es de Carlos, «se me ocurrió en la mili, de tanto fregar»; y la gestión la lleva Juan, el empresario.

Ecofrego aporta «un ahorro de agua muy importante, también de jabón y de tiempo, porque no hay que ir cambiando el agua». Han estado seleccionados, y han ganado, en muchos concursos de innovación y diseño. Ecofrego está patentado a nivel nacional y pendiente de la internacional, aclaran Juan y Carlos Rivadulla. El producto lo fabrica una empresa de inyección de plásticos de Lliçà de Vall, en Barcelona.

En su segundo año en el mercado, «vamos un 20% por encima del primero, teniendo en cuenta que es un momento de consumo muy bajo», declaran. «En España hay un *stock* de treinta millones de cubos de fregar y se venden siete millones nuevos cada año: somos muy humildes con nuestras previsiones, pero confiamos en el efecto *renove*», explican los Rivadulla. Estos hermanos han buscado además el respaldo de Manuel Jalón, el ingeniero militar aragonés fundador de la empresa Rodex, al que se considera el inventor del cubo de fregar con el escurridor de embudo, la denominada popularmente fregona. «Le conocimos y apadrina nuestro proyecto», explican.

La Ecofrego se vende en grandes superficies, supermercados, y en el canal ferretería y profesional. «La idea es ir ampliando la gama, con detergentes ecológicos Ecolabel, y abrir mercados internacionales».

# VIII. La biotecnología, un filón... ¡¿por fin?!

La biotecnología está de moda. Y están de moda los emprendedores biotec. Se trata de una apuesta que trasciende la voluntad emprendedora de algunos científicos: en muchas partes del mundo la biotecnología se ha convertido en una apuesta estratégica de país, una solución para generar empleos y valor añadido de calidad en países industrializados maduros. Es la hermana pequeña y ambiciosa de la industria farmacéutica. Y precisamente la biotecnología es una industria por la que apuestan decenas de regiones y países en todo el mundo. Incluso los estados de Estados Unidos compiten entre sí por atraer talento. Por eso en este negocio se mezclan, más que en otros, conceptos de financiación pública, ayudas, *spin-offs*, inversión de *business angels*, capital semilla, capital riesgo... porque muchas veces son negocios que necesitan mucho tiempo, años de investigación antes de poder empezar a facturar el primer euro.

Sin embargo, hablando con emprendedores de biotecnología parece que a veces la barrera real es otra: la que solo se supera inculcando el espíritu emprendedor en el colectivo científico, para que sobrepase los prejuicios asociados al mundo de la empresa. Así, se observa la diferencia entre trabajar e investigar lo que sea en el laboratorio pensando que será «para el bien de la humanidad» –para ello basta el prestigio de una publicación científica–, o bien, investigar líneas que el mercado sabrá valorar, por las que alguien estará dispuesto a invertir, y que solo de esta forma repercutirá en el bien de los pacientes –y de la humanidad–.

# 50. Un bioquímico con corbata

**Carlos Buesa,** *Fundador y Director General de Oryzon*

Carlos Buesa es uno de los primeros emprendedores biotec en España que ha conseguido posicionarse como empresario de referencia en el sector, y Oryzon la primera empresa que se atreve a hablar de un tamaño mayor: aspira a ser una biofarmacéutica.

«A mí me gustaba la medicina, pero soy de esa época en la que los jóvenes queríamos irnos de casa. Medicina se podía estudiar en mi ciudad, Zaragoza, y por eso escogí Biología, para irme a Barcelona». Con ese mismo espíritu emprendedor, Carlos Buesa no dudó en cambiar la bata blanca de científico por el traje y la corbata de ejecutivo cuando se propuso convertir sus proyectos de laboratorio en una empresa. Y de paso, ha conseguido superar «la mala fama que en este país tienen los científicos por sus pocas capacidades de gestión».

Oryzon, la empresa que cofundó en el año 2000, se ha convertido en un referente del sector de la biotecnología: está especializada en genómica funcional, para prevenir enfermedades oncológicas y neurodegenerativas, y en agrobiología, y factura alrededor de 6,5 millones de euros —último dato publicado, de 2009—. En 2011 protagonizó la primera gran fusión entre dos empresas biotecnológicas de capital catalán, Oryzon y Crystax Pharmaceuticals, con una valoración de la compañía resultante fijada en 55 millones de euros.

Buesa fue investigador en la Universitat de Barcelona y se marchó con una beca postdoctoral de la Unión Europea a la facultad de Medicina de Gante, en Bélgica, donde continuó como investigador en el Flemish Institute of Biotechnology. Allí descubrió que en el entorno universitario se podían crear empresas con base tecnológica. En su laboratorio y con sus investigaciones, recuerda, se montó una empresa que ahora cotiza en bolsa. «Me llamó la atención ver que en Bélgica, que no es Silicon Valley, y donde los laboratorios están tan escacharrados como los nuestros, la gente era capaz de encontrar dinero y levantar proyectos empresariales». Fue definitivo un taxista que, en Gante, le habló de una recién creada empresa de biotecnología molecular en la universidad. «No es una anécdota única. La gente está orgullosa de que su universidad genere empresas y empleo».

Lo mismo le ocurrió hace un tiempo en Singapur, cuando, de camino a un congreso, otro taxista le dio conversación sobre las inversiones de la industria farmacéutica... «Aquí los taxistas están por otras cosas, es un síntoma general. No tenemos gobiernos con valentía transformadora ni para hacer cosas necesarias si queremos competir y contribuir a que nuestros nietos vivan al menos igual de bien que nosotros».

Cuando volvió de Bélgica, Buesa se reincorporó como investigador al departamento de Bioquímica de la facultad de Farmacia, «pero las condiciones económicas y para hacer investigación de calidad eran muy complicadas y empecé a pensar en montar una empresa». El problema fue que eso era muy a finales de los años noventa, justo cuando pinchó la burbuja tecnológica. «Un fondo que se había comprometido nos dijo que no, otro tampoco se atrevió, y casi arrojamos la toalla». La solución la encontraron «dando un sablazo a amigos, locos y familiares: casi una cuestación popular». La empresa consiguió dinero de hasta ochenta accionistas, que reunieron 300 000 euros. Luego se incorporaron el fondo francés Najeti y Laboratorios Ferrer, Laboratorios Ordesa y el grupo de capital riesgo Corporación San Bernardo.

Buesa, que amplió formación en el IESE, se considera un ex científico frente a la actividad en su *vida anterior*, pero reconoce que esta industria «es demasiado complicada, requiere visión científica al mismo tiempo que de negocio». Buesa fundó la empresa con Tamara Maes, investigadora como él en Gante, ocupando diez metros cuadrados en un laboratorio del CSIC (Consejo Superior de Investigaciones Científicas). Ella es la directora científica de Oryzon y también su pareja, «pero esto no cuenta porque podría parecer un demérito, cuando es la persona con más valor intelectual y tecnológico de la empresa».

«Mi trabajo de director general es muy curioso. Tengo que ser el primer vendedor de la empresa, el que crea la expectativa de valor. Es una función estratégica, institucional, comercial». Muy puesto en su papel de ejecutivo, Buesa teme ser políticamente incorrecto cuando denuncia el *descuido* que sufren instituciones como el Parc Científic de Barcelona por parte de las administraciones. «Temo que el gobierno no está por la labor: la biorregión está para salir en la foto». De la misma manera, reconoce: «Tengo desesperación con Catalunya en particular, y España en general, por las maldiciones y los complejos históricos: se hicieron empresas importantes a principios de siglo, pero parece que hemos perdido el tren tecnológico y que no se puede volver a repetir. Y no es verdad, tenemos potencialidad para hacer las cosas bien. No hay ninguna razón para no poder crear una gran farmacéutica catalana nueva». Buesa hace referencia al ejemplo suizo: «Tienen compañías creadas hace diez años que ahora valen en bolsa cuatro veces más que Almirall. Si se puede hacer en Suiza, ¿por qué no aquí?».

«Estamos en una sociedad cortoplacista que exige resultados, pero la ciencia es la antítesis y hay que reivindicarla. No solo como fuente de profesionales, sino también por su prestigio social». Lo que quiere Buesa es que algún día los taxistas de Barcelona conozcan y estén orgullosos de la biotecnología o de Oryzon.

# 51. El norte de las biotec

**Joël Jean-Mairet,** *Socio Fundador de Ysios Capital Partners*

Joël Jean-Mairet (Barcelona, 1971) salió en el principal informativo de la televisión suiza en junio del 2005: la multinacional Roche acababa de adquirir la empresa biotecnológica Glycart, de la que fue cofundador, en lo que medios especializados calificaron de operación del año. Joël Jean-Mairet fue noticia, pero su trayectoria no es extraña en Suiza; sí resultaría insólita al sur de los Pirineos. Aunque debería dejar de serlo, si algún día dan resultado las apuestas políticas por convertir la biotecnología en sector estratégico de país. Jean-Mairet explica lo que eso significa: «Viviendo en Suiza, fui a comprarme un coche a un concesionario. Hablando con el vendedor, me comentó que acababa de invertir en una empresita de biotecnología... Allí la gente está impregnada de industria farmacéutica, hay sensibilidad».

En el 2007, de vuelta a casa, Jean-Mairet emprendió una nueva etapa profesional con la creación de Ysios, un fondo especializado en empresas de biotecnología, para el que contó con otros tres socios: Julia Salaverria (ex directora de fondos de Talde, en el País Vasco); Josep Lluís Sanfeliu (procedente de Almirall y SAR), y Cristina Garmendia, de Genetrix, que lo dejó cuando asumió el Ministerio de Ciencia e Innovación.

Jean-Mairet es bioquímico y doctor en biología celular e inmunoterapia por el Instituto de Tecnología de Zurich. Tiene pasaporte suizo, pero la ascendencia alpina le viene solo del abuelo paterno. Joël nació y creció en Barcelona —eso sí, estudió en la escuela suiza—, con un paréntesis de cuatro años en Londres, donde la familia se trasladó por el trabajo de su padre, economista. Joël escogió Zurich para estudiar biología y cuando, ya licenciado, quería volver a Barcelona «a buscarme la vida», un profesor emprendedor, Bailey, le ofreció seguir allí con el doctorado. Y al año, la investigación realizada con su colega Pablo Umaña, natural de Costa Rica, empezó a dar resultados: encontraron una tecnología para potenciar los anticuerpos monoclonales en el tratamiento del cáncer. En 1996, entre los tres empezaron a darle forma de empresa: patentar la tecnología y continuar la investigación —aunque el profesor murió pocos meses después, de cáncer—. Quedaron finalistas en un concurso de planes de negocio, y en el 2001 Joël dejó el laboratorio: «Yo entonces ni sabía lo que era la bolsa, tuve que aprender mucho, escuchando y rodeándome de gente en quien confiar». Y levantó quince millones de euros en dos rondas de financiación, en las que entraron el fondo corporativo de Novartis, el banco Lombard Odier y otros fondos de capital riesgo.

«La investigación es un proceso muy lento, especialmente cuando la haces entre dos. Los experimentos tardan lo que tardan, nos podíamos pasar tres meses preparando un ensayo, mientras que en una unidad de I+D está todo optimizado». Jean-Mairet estaba negociando la tercera ronda, de treinta millones, cuando vino Roche y puso el cheque de nueve dígitos sobre la mesa.

Pablo Umaña sigue siendo el jefe de investigación de Glycart: emplea a 65 personas, todavía no factura nada, y «es la única división de Roche en todo el mundo a la que no se le ha recortado el presupuesto, es un centro de investigación reconocido», dice Joël con orgullo de padre y cierta nostalgia. «Pero mi papel dejó de ser necesario». Roche le ofrecía un puestazo... en Asia, y él prefirió buscar otras alternativas. «Me gusta mucho la vida en Zurich, pero hay una niebla baja de octubre a abril... y en Barcelona el día a día es más agradable». Ahora, explica, «el dinero no es lo primordial, lo que me gusta es crear y divertirme: aporto mi grano de arena para levantar este sector. Tiene mucho potencial, pero hay que hacer las cosas bien». El fondo Ysios toma el nombre de un vino riojano del que disfrutaba con el grupo de suizos-españoles compañeros de estudios en Zurich. «Ojalá hubiera un dios griego de la innovación que se llamara Ysios, pero no es el caso», dice bromeando. El equipo de Ysios lo forman 8,4 personas —el 0,4 corresponde a Karen Maguer, la que era directora de negocio en Glycart y que trabaja para Ysios desde Zurich dos días a la semana—. Gestiona setenta millones, comprometidos por inversores como el Banco Santander, La Caixa, el fondo de pensiones de Telefónica o los *family office* de los Vilacasas, Bernat y del Pino. Y desde su doble experiencia de biólogo y gestor, Jean-Mairet valora: «Hay emprendedores que escuchan, otros que no, pero en general hay desconocimiento de cómo funciona el capital riesgo. Y hay un concepto cultural: falta pensar en grande. Catalunya tiene trayectoria emprendedora, pero basada en el "yo llevo el negocio". En biotec no funciona. Prefiero tener el 1% de algo gigante que el 100% de una tienda».

# 52. En la familia de las mil ideas

**Ignasi Belda,** *Fundador de Intelligent Pharma*

«Cuando hacemos encuentros familiares, en la mesa no se habla de otra cosa que no sean negocios: en una comida puedo hacer una evaluación de riesgos con la abuela, o pensar un plan de marketing viral con mi madre. Un emprendedor quizá nace, pero en este contexto también se hace: pertenecer a una familia así es como hacer un máster a los 12 años». Ignasi Belda es ingeniero informático y doctor en inteligencia artificial aplicada al diseño de fármacos. Desde los 27 años está al frente de Intelligent Pharma, la empresa de servicios informáticos que creó para el desarrollo de nuevos medicamentos en la fase *in silico* —después vienen las pruebas *in vitro* e *in vivo*—.

Ignasi -Natxo- Belda nació en Cocentaina en 1979 y estudió primero en Alcoi y luego la carrera en Barcelona, siempre en centros de La Salle. «Cuando acabas, en lugar de buscar trabajo, te preparan para crear puestos de trabajo». Cuando Natxo empezó el doctorado, dice que una parte de la familia le apoyó porque eso le permitiría ver nuevas oportunidades de negocio; pero también recibió muestras de una «comprensible incomprensión: ¡eso es peder el tiempo!», le decían.

Natxo Belda es un tipo divertido, que sin perder la naturalidad de un chico de pueblo ha sabido construirse un efectivo discurso que triunfa en los encuentros de jóvenes emprendedores. Por encima de cualquier otra cosa, Belda se considera un emprendedor. «Mi bisabuelo tenía una multinacional del calzado que antes de la guerra ya vendía en toda Europa. Mi abuelo tenía un grupo de empresas del textil y las repartió entre sus siete hijos; una fue para mi padre, que a los 13 años se inventó el concepto industrializado de la colcha —el cubrecama con volantes—. Mi abuela materna empezó a trabajar a los 6 años, montó una empresa de calzado y es una experta en derecho mercantil, ¡mis dudas se las pregunto a ella! ¡Hasta mis suegros son emprendedores!», dice Belda. Y considera que la suya es una empresa familiar, un concepto que suena muy raro en este sector de la biotecnología.

Belda hizo el doctorado entre el Institut de Recerca Biomèdica de Barcelona, Illinois y la multinacional Astra, en Suecia. Desde tercero de carrera empezó con el desarrollo de fármacos: «La informática es una herramienta y hay que saber aplicarla a sectores económicos rentables. Por eso me enfoqué a la farmacia», justifica. En el 2007 convirtió el trabajo que hacía en una empresa, Intelligent Pharma, que ya forma parte del grupo de nuevas compañías y *startups* que van cocinando el sector de la biotecnología en Catalunya. Al calor del Parc Científic de Barcelona o de la asociación Biocat, tienen a su favor la estrategia política que persigue hacer de esta industria un imán de talento y un motor económico para Catalunya. «A Alcoi siempre se la ha llamado la pequeña Barcelona, siempre ha ido a remolque de ciudades más importantes. Es lo que pasa en biotecnología, y no es diferente a cómo se sentía mi padre en su empresa. Somos potentes pero vamos detrás de otros países, como Estados Unidos, el Reino Unido o Alemania».

Intelligent Pharma es una empresa de servicios que no vende el *software*, sino que cobra por proyecto: «Nuestro programa no sale de casa, y así no tenemos que preocuparnos de la piratería». «¿Crisis? Yo ya nací en la crisis, no tenemos referencia anterior, cada día crecemos». Reconoce que además las inversiones en salud no se frenan, como sucede en industria o consumo. «Sí hay una crisis de productividad: en el 2007 solo se crearon siete fármacos nuevos, pero se invirtió un 40% más. Eso es un desastre para la humanidad, hay una gran crisis de ideas». Y Belda se ofrece con una solución. «Creo que se utilizan herramientas demasiado anticuadas. Debemos avanzar más hacia la inteligencia artificial. Sí que es barrer para mi casa, pero todavía hay quien utiliza las mismas metodologías que hace treinta años: es como si para construir un avión, todavía se dibujaran los planos a mano».

Belda va con un libro bajo el brazo, de Poe o de literatura científica, para sus viajes en metro. Y dice que, como a buen emprendedor, le gusta el riesgo también fuera de los negocios: «Mi padre hacía ala delta y es piloto de ultraligero. Yo voy dos días al gimnasio a hacer escalada: me gusta sentir que dependo solo de una cuerda». También es aficionado a la numismática y a la arqueología, y tiene en la cabeza ideas para, de sus *hobbies*, sacar nuevas empresas. Cuenta que «La Caixa me regaló un curso en Cambridge», que significa que consiguió la plaza después de superar un curso de emprendimiento organizado por Barcelona Activa, Genoma España y la entidad de ahorros. «Cuando doy consejos a emprendedores siempre les digo: observad el medio, buscad oportunidades de negocio, y tened mil ideas, porque quizás solo una sea válida». Su abuelo de noventa años «sigue yendo a muchos sitios y vuelve siempre con ideas», su padre tiene varias empresas, y Natxo va por el camino. «El otro día hablaba con una amiga oftalmóloga y me contaba unos problemas de los miopes cuando conducen, y ya estoy pensando en cómo resolverlos». Belda está convencido de que «mi historial de emprendedor empieza ahora».

# 53. Moléculas de alto riesgo

**Joaquim Trias,** Broker *de biotecnología en Silicon Valley (California)*

«Siempre tienes que estar preparado para nuevos proyectos empresariales. Si el actual funciona, te quedarás sin trabajo porque las grandes empresas, cuando te compran, echan a todo el mundo. Y si no va bien, también te quedas sin trabajo. Nada dura más de tres o cuatro años en Silicon Valley. Esta es la dinámica y me encanta». Joaquim Trias Puig-Sureda nació en Barcelona en 1960 y lleva veinte años en Estados Unidos, donde es un nombre de referencia en la biotecnología, un sector en el que se compran y venden moléculas y empresas como se compran tomates y sardinas en el mercado de La Boqueria.

«Trias es un gurú», dicen unos. «Es un *broker* de moléculas, un mercenario», dicen otros. «Soy un científico que entiende bien la parte emprendedora», se define él. Trias no sigue una línea de investigación científica: «Me dedico a encontrar oportunidades». Por ejemplo, muchas moléculas descubiertas y desarrolladas por empresas o instituciones están archivadas «por las razones que sean». Y Trias, como otra gente de Silicon Valley, las analiza, las compra, les da un proyecto de negocio y las vende.

Con esta fórmula, Trias ha participado en la creación de cinco empresas: Microcide, que salió al Nasdaq; Versicor / Vicuron, salió al Nasdaq por unos doscientos millones de dólares y después la compró Pfizer por 1 900; Peninsula, comprada por Johnson& Johnson por 245 millones, y Anthera y Tetraphase, en fase de desarrollo de nuevos medicamentos. «En Estados Unidos el capital riesgo me respeta, y los científicos también. Tengo credibilidad cuando presento un proyecto. Parece trivial, pero no lo es».

Trias pertenece a una familia de médicos: su padre fue presidente del Colegio de Médicos; su abuelo Trias, decano de la facultad en la República; su abuelo Puig Sureda, cofundador de la clínica Platón... «Yo estudié biología porque me rebelé, pero acabé haciendo lo mismo, me dedico a la medicina desde el medicamento». Hace muchos años que colgó la bata en el laboratorio. Tras ampliar estudios en Berkeley y el Instituto Pasteur de París, logró plaza de profesor en Barcelona. «Yo tenía un prestigio en el mundo de las infecciones en microbiología molecular, pero no me convencía». Y decidió vivir en San Francisco, «cosmopolita y con naturaleza exuberante».

«A mí lo que me gusta es explorar, es la inquietud intelectual, y crear empresas es eso: un científico es alguien con mucha imaginación, y emprender es un proceso de creación». Considera que en este terreno la diferencia entre Estados Unidos y Europa está en «cuánto riesgo se puede aceptar, y eso no se mide en tiempo. Ante un proyecto, en Estados Unidos te preguntan: ¿Por qué no lo ha hecho nadie antes? Y es una buena señal. En Europa eso es desconfianza».

También en biotecnología, el modelo de empresas que lidera el mundo es el estadounidense. «Es capitalismo salvaje y brutal. En el fondo, Silicon Valley es un sistema de favores, es importante el *networking* y no enfadarte con nadie. Hoy puedes echar a tu amigo, pero le volverás a tener en cuenta. No es una piña, es una nebulosa, poco organizado. Tu valor es el de tu próximo éxito». En California y en Boston, «el concepto de empresa es puramente financiero», y Trias no deja indiferente cuando explica que «una empresa es viable cuando es sólida y da beneficio para el inversor. Entonces todo el mundo se beneficia: el científico tiene dinero para su ciencia; la sociedad, puestos de trabajo, y los enfermos, nuevos medicamentos. Quizá es una visión demasiado de Silicon Valley, pero todo el mundo gana».

Es un gran defensor del concepto emprendedor: «Un emprendedor es alguien enamorado de algo y que quiere vivir de eso: hay que enseñar desde pequeños que hay maneras de poder hacerlo, y que el riesgo no es algo malo. Los emprendedores son héroes en San Francisco, los empresarios son como criminales en Europa. El espíritu emprendedor en Catalunya en general es bajo, pero hay que fomentarlo. El problema es que si le das dinero a un científico para montar una empresa, lo destinará más a la ciencia que a la oportunidad del negocio».

Trias también ejerce de consultor: «Cuando me piden que evalúe empresas lo primero que digo es: ¿tú cuánto has puesto de tu bolsillo? En Europa la gente pretende crear empresas con el dinero de otros, pero así no convencerás a nadie para que arriesgue su dinero».

Y a pesar de todo, dice que todo lo que hace en Silicon Valley también se podría hacer en Barcelona, o en cualquier lugar: «Hace falta disposición al riesgo y al principio a trabajar a cambio de nada». Para eso hay que tener ahorros, u otro trabajo y en el resto de horas dedicarte a la «empresa del garaje: esto solo funciona si crees en la idea y te diviertes. Es un estilo de vida».

Viaja a Catalunya tres o cuatro veces al año. «Nunca me he sentido expatriado. En un mundo globalizado, es como cambiar de barrio. En San Francisco puedo comprar *llangonissa* o comerme un arroz negro», y preside el Casal Català de California. Separado de una vietnamita, su actual pareja es japonesa.

«Por ahora mi casa está en San Francisco». Y en vacaciones se escapa a la naturaleza salvaje: practica kayak en las islas Svalbard, en el Ártico, o realiza una travesía en Kamchatka, en Siberia: «Encuentras animales, pero no ves a nadie más».

## 54. La pareja del año

**Marco Pugliese y Clara Campàs,** *Neurotec y Advancell Therapeutics*

«—Lo nuestro es un matrimonio de conveniencia, claro. ¡Yo estoy contigo por dinero!
— ¿Y no será al revés?»

Marco Pugliese y Clara Campàs son dos emprendedores en el mundo de la biotecnología, que comparten sentido del humor y trayectorias paralelas: los dos han hecho realidad el mito de la transferencia tecnológica, al llevar sus proyectos de doctorado al mundo de la empresa, «y no hay tantos ejemplos de transferencia tecnológica real». Y ahora se han encontrado en un proyecto conjunto, para avanzar en el desarrollo de una molécula hacia el mercado. «¡Somos la pareja del año!», aunque aclaran: solo en lo profesional.

Neurotec —Marco Pugliese es socio fundador y director general— y Advancell —Clara Campàs es vicepresidenta ejecutiva de Advancell Therapeutics— financiarán conjuntamente los 2,4 millones de euros que cuesta la fase 2A del estudio clínico del NTKO003 para tratar la neuroinflamación y neurodegeneración presentes en la esclerosis múltiple. Marco y Clara se conocían de los encuentros del sector, pero fue para este proyecto cuando empezaron a hablar, y se entendieron. Quizás también porque comparten los códigos de científico-técnico-emprendedor que son idioma oficial en sitios como el Parc Científic de Barcelona, pero que suenan a *élfico* para los no iniciados.

Marco Pugliese nació en 1968 en Latina, una región italiana donde se elabora *mozzarella* de búfala, y vive en Sant Pere de Ribes. Estudió veterinaria y empezó a trabajar con animales de producción. «Pero me focalicé en neurocirugía veterinaria». Una beca europea le trajo en 1996 a Barcelona, al hospital veterinario Ars. Regresó a Italia, y en 1999 volvía a estar aquí —había conocido a la que es su esposa—. Empezó el doctorado en la UAB «y propuse a un equipo del Clínic un proyecto sobre el envejecimiento cerebral en perros, para una posible similitud con el Alzheimer». Leyó la tesis en 2005, se la premiaron en 2007, «¿y qué hacemos después?» De ese grupo de investigación liderado por la doctora Mahy y el doctor Rodríguez salieron dos patentes, «pero en estado de desarrollo no se podían vender: por eso creamos Neurotec». Marco pasó los primeros dos años siendo el único empleado. «El paso de la bata blanca a la americana se produjo en 2008, cuando empezamos a crecer y contratar personal». Y realizaron una primera ronda, con la sociedad de capital riesgo Inveready, *business angels*, y entraron en la bioincubadora PCB Santander.

Clara Campàs nació en 1976 en La Roca del Vallès, donde sigue viviendo. Licenciada en Farmacia en 1999, se doctoró en bioquímica y biología molecular en Bellvitge; en el grupo del profesor Gil descubrieron la acadesina, o acadra, para tratar leucemias y linfomas, y que fue objeto de su tesis. Resultó la primera patente de fármaco surgida de una universidad pública española que llegó a ensayos clínicos con éxito —ya ha acabado la fase 2A—. «La molécula tomó un camino, y yo, otro». En 2004 Advancell compró la licencia de la molécula y empezó a desarrollarla.

Clara hizo el *postdoc* en el Hospital del Mar de Barcelona, y colaboraba con Advancell como externa. —Advancell es una *spin-off* universitaria creada en el 2001 como empresa de servicios que con los años se ha transformado en una biofarmacéutica: ayuda a que moléculas que han descubierto otros lleguen a la fase 2, para después licenciarlas a farmacéuticas grandes que las lleven hasta el mercado. Lo hace, con ISDIN, con la ciclosporina; con la acadisina, con un proyecto comprado a un grupo de investigación alemán, y ahora, con la molécula de Neurotec—.

Finalmente, en 2006 Clara aceptó «colgar la bata» y se hizo cargo de la unidad de desarrollo farmacéutico de Advancell, dedicada a buscar «otras acadesinas para desarrollar». Afirma que «en sectores académicos todavía no está muy bien visto hacer una patente. Se entiende que debes dar tu conocimiento a la humanidad, pero entonces se queda solo en un bonito artículo científico. Si alguien debe transformar este conocimiento en medicamentos para enfermos, alguien tiene que invertir». Por eso Clara, que asume que no es una emprendedora al uso, reivindica su parte en este rol: «tengo la sensación de que me he tenido que llevar la molécula bajo el brazo para hacer el camino. Nunca he ido sola, siempre en equipo».

Como ahora, Neurotec y Advancell de la mano. «A finales de 2010 teníamos ya un paquete preclínico de eficacia en un modelo animal validado para la enfermedad», cuenta Marco. Entonces había que dar el paso, el estudio en humanos. Entraron Caja Navarra e Inveready Seed Capital. Y la combinación perfecta: la experiencia de Advancell, y el hecho de que el fármaco en cuestión es un reposicionamiento: «un nuevo uso de un fármaco ya aprobado en otras indicaciones, hay mucha información clínica»... Pero hasta aquí pueden leer. «¿Si contamos más, se descubriría!». Dicen que, sin estas condiciones, se tarda el triple. El estudio clínico empezó en 2011 en catorce hospitales de España y Alemania, en 105 pacientes, durante año y medio.

Advancell valora cada año unos cincuenta proyectos como este de Neurotec, «entramos en uno o dos». «No habíamos trabajado antes en sistema nervioso y lo hacemos con una compañía especializada» dice Clara. «Y vamos a dos enfermedades —esclerosis múltiple y ELA— que no están cubiertas en el mercado».

Poco tienen de pareja estos dos biotec fuera del contexto. Clara se financió los estudios haciendo de profesora de aeróbic, y sigue haciendo tanto deporte como puede. Vive en pareja y dice que «los hijos vendrán ¡cuando hayamos vendido la acadesina a una farmacéutica más grande!». Marco tiene un hijo de ocho años; juega al futbol —en Italia dice que llegó a segunda división; aquí tiene un equipo de veterinarios veteranos— y colecciona *cosas* —papeles, objetos, uniformes, de la Segunda Guerra Mundial—: «pero lo que me gusta es la historia, no la guerra».

## 55. El emprendedor pedagogo

**Jordi Naval,** *Cofundador de Anaxomics y de Fundació Escola d'Emprenedors*

«Empresas de aquí, como Anaxomics y otras, ya somos referentes globales. Voy a visitar a compañías en Suiza o en Boston, les explico lo que hacemos, y nunca antes habían oído hablar de ello. El *not invented here* es un *handicap*, y tenemos que esforzarnos en tener presencia en estos enclaves estratégicos, pero nos valoran y reconocen».

Jordi Naval es cofundador de Anaxomics, compañía de biología de sistemas aplicada al descubrimiento de nuevos medicamentos. Y antes fue cofundador de Infociència, empresa que se dedica a la investigación clínica para las farmacéuticas, y que en 2008 vendieron a la multinacional estadounidense RPS. Naval permaneció dos años en RPS, como responsable de negocio en el sur de Europa, y en 2010 se lanzó a impulsar Anaxomics.

Asimismo, desde su experiencia, Jordi Naval se ha convertido en un apóstol del emprendimiento, y lo hace coliderando la Escola d'Emprenedors —Escuela de Emprendedores—, una fundación que quiere promover este espíritu entre los jóvenes estudiantes de Educación Secundaria Obligatoria, Formación Profesional y Bachillerato. «No fomentamos que mañana creen su propia empresa. Es más bien control y autoestima, el concepto de aprender a dominar tu vida profesional».

Jordi Naval cree que para ser emprendedor «solo hay que perder el miedo». Así lo vivió en casa cuando su padre, a los cincuenta años, se quedó en el paro: «trabajaba en una empresa química que cerró. Y él decidió montar una empresita que hacía lacas de uñas y pequeña cosmética. Por la mañana las fabricaba —empezó haciendo pruebas en la cocina de casa— y por la tarde las vendía». Cuenta que su padre mantuvo la empresa con tres o cuatro empleados, hasta que se jubiló. «El concepto de riesgo, o de fracaso, suena importante; pero son palabras que no quieren decir nada», dice Jordi Naval. «Que fracase la empresa hace daño, pero no más que si te deja la novia. No tiene que haber más drama, hay que volver a empezar».

Jordi Naval no tenía previsto montar su propia empresa cuando estudió biología y farmacia. Pero mientras hacía la tesis en vacunas recombinantes en la Universitat Autònoma de Barcelona, coincidió con José Manuel Mas, que hacía su tesis en biocomputación; y junto a Ramón Banet (IESE), los tres cofundaron en 1998 una «compañía de garaje», Infociència, para hacer ensayos clínicos de medicamentos, por encargo de grandes laboratorios farmacéuticos. En diez años la empresa facturaba 7 millones de euros, con 120 empleados. La vendieron a RPS, y allí siguen como directivos Banet y Mas. Naval lo dejó para dedicarse a Anaxomics, la empresa que había creado en 2007, junto a Mas y Patrick Aloy — investigador ICREA en el Institut de Recerca en Biomedicina—, que es el asesor científico. Durante sus tres primeros años la compañía estuvo desarrollando la tecnología.

«Las proteínas están todas relacionadas en redes metabólicas. Tradicionalmente se consideran unas rutas metabólicas clásicas, según una interpretación lineal, plana; pero en realidad funcionan en red. La biocomputación es una fase *in silico*, a partir de toda la información disponible: hay que tratarla y hacerla últil». Naval expone algunos ejemplos de proyectos: «una compañía farmacéutica mediana suiza tiene diez moléculas en el *pipeline*, y la ayudamos a decidir cuáles son más seguras, y a prever los efectos en función de qué caminos siguen en la compleja red biológica». Otro puede ser una pequeña biotec que quiere saber más sobre su molécula. O un inversor que quiere asegurarse dónde invierte. O una farmacéutica mediana que quiere encontrar nuevos usos a sus moléculas. «En dos años tenemos que estar facturando un millón de euros y ser un referente en biología de sistemas aplicada al *drug discovery*».

Nacido en Barcelona en 1969, padre de tres hijos, a Naval le gusta relatar las batallitas de las moléculas, pero en lo que se ha metido de lleno es en la labor de evangelización del emprendimiento. Y lo hace «no sé muy bien por qué, quizás porque me gusta hacer cosas útiles». Todo empezó por casualidad: «Mandé a mi hija a un campamento de verano que era en inglés y dedicado a fomentar el emprendimiento. Y el director era Óscar Sánchez, que también estaba haciendo un programa en las escuelas». —Sánchez se «retiró» de una multinacional a los 35 años y se dedica a liderar proyectos, dice—. «Y parte del dinero de la venta de Infociència decidí aportarlo para la constitución de la Fundació Escola d'Emprenedors», en 2011.

Naval tiene muy claro qué hay que transmitir a los jóvenes: «no tener miedo, sentirte capaz. Depositamos el chip emprendedor, en el sentido más amplio. Se puede ser emprendedor ahora o dentro de diez años, lo importante es que cuando aparezca la oportunidad, se sepa aprovechar». Con un equipo de profesionales, recorren las escuelas —más de 50 centros, más de 5000 alumnos— y ayudan a los chavales «a presentar un proyecto bien hecho y en inglés. Y todos, sean del origen o condición que sean, lo hacen de forma más que decente. Tienen ideas enormemente creativas, y hablan un inglés mejor que el que yo tenía a su edad. ¡No sé de donde vienen tantas historias sobre los jóvenes!».

Y Naval lleva consigo argumentos de peso: «si hay cinco millones de parados, solo con que el 10% crearan su propia compañía, y que cada uno contrate a tres directos y a un indirecto... basta con medio millón de emprendedores y reducimos el paro a la mitad». Y en su discurso aparece también mucho el concepto de fracaso. «Tenemos que hablar más de los errores en las historias personales. Aunque, ¿aquí sabemos realmente qué es el fracaso? ¡En Estados Unidos te puedes quedar tirado bajo un puente!».

# 56. Emprender con doble interés

**Albert G. Zamora,** *Director de gestión de innovación en la Fundació Clínic y CEO de Bionure*

«Un día, en 2008, el investigador Pablo Villoslada vino a la oficina de innovación de la Fundació Clínic para decirme que creía que había descubierto algo para la esclerosis múltiple. Primero le contesté que le ayudaría a evaluar la viabilidad científica y económica del proyecto. Y luego, que quería implicarme personalmente en la empresa, que me encantaría que tuviera éxito». Dos años antes, a la hermana de Albert G. Zamora le habían diagnosticado esclerosis.

Zamora es director de gestión de innovación en la Fundació Clínic per a la Recerca Biomèdica —vinculada al Hospital Clínic de Barcelona y a la Universitat de Barcelona—, desde donde se dedica a identificar proyectos que tengan interés sanitario o económico y a ayudarles a que lleguen al mercado, vía acuerdos con empresas, o bien creándolas. Y además, también lleva puesto el sombrero de emprendedor: ha montado tres proyectos, los dos primeros no llegaron al mercado. Y el tercero es Bionure, el proyecto de Villoslada, empresa en la que Zamora es socio y consejero delegado.

Albert Zamora Guardiola nació en Sabadell en 1974, «mis padres trabajaban en cadena de producción, la vida les ha castigado mucho». Se siente muy orgulloso de que le animaran «a no tener miedo y a perseguir mis sueños. A ser dueño de mi propia vida». Estudió Farmacia, y tardó ocho años en vez de seis, porque al mismo tiempo fue carpintero, azafato de congresos, camarero... Su primer trabajo lo tuvo en SVS, consultora del área regulatoria —creada por Pere Merino y Telstar—. Dice que ya entonces se dio cuenta de que le gustaba más la gestión que el lado técnico, y cursó un MBA en EADA. «Creo que como he tenido *empenta* —iniciativa—, y he tenido la suerte de encontrarme jefes que han creído en mí, me han dado oportunidades y me han permitido crecer profesionalmente muy rápido». Eso ha significado que, durante mucho tiempo, cambiara bastante de trabajo. «Me gustan los retos y estar creando cosas. Siempre estoy pensando, ¿qué más? ¿y ahora qué?».

El siguiente paso fue en Tyco Healthcare, multinacional de dispositivos médicos, donde entre otras cosas, se encargó de relanzar un dispositivo para medir el grado de oxigenación en el cerebro. No obstante, Zamora decidió lanzarse a un proyecto propio, con un colega de facultad y de SVS, Jordi Fàbrega. «Intentamos hacer un banco de células madre de cordón umbilical. Íbamos a traer una empresa brasileña, pero aquí todavía no había marco legal, y cuando salió, no nos interesó». Entonces le salió la oportunidad de ir a Laboratorios Rubió —empresa familiar de Castellbisbal, los había conocido en su etapa en SVS—, para ayudarles a crear una nueva unidad de negocio. Pero coincidió con el proceso de profesionalización de la empresa, y se marchó. Fue el momento para intentar crear una cadena de productos de cosmética personalizados. Se iba a llamar DermOh!, «pero vimos llegar la crisis, nuestro posicionamiento era de gran consumo, y decidimos que el momento no era el adecuado». Y entonces le contactaron del Clínic para algo que resultó doblemente interesante: «porque era crear un departamento, y porque sirve para ayudar a crear empresas. Y en una institución de referencia como es el Clínic».

Allí lleva ya cinco años, mucho más que en cualquier trabajo anterior. «¡es que se trata de un proyecto de gran dificultad!» se justifica. «Pero estoy disfrutando muchísimo». «Aporta entusiasmo, impulso y experiencia», dice un colega. Liderado por el doctor Joan Bigorra, director de innovación del Clínic, «todavía estamos definiendo las políticas de innovación», aclara Zamora. Eso refleja «lo que cuesta inculcar un cambio de cultura en una gran institución». La Fundació Clínic gestiona los recursos de innovación del Clínic, del IDIBAPS —Institut d'Investigacions Biomèdiques August Pi i Sunyer— y del CRESIB —Centre de Recerca en Salut Internacional de Barcelona—. «El Clínic siempre ha sido muy innovador desde el punto de vista asistencial, pero en investigación, la principal motivación ha sido siempre publicar, no el interés económico» —que es lo que permite que alguien invierta para llevar el producto al mercado—. «Las universidades ya están identificadas como centros de producción científica potentes para desarrollar investigación aplicada; pero no está contemplado el marco legal para crear empresas desde los hospitales». Su experiencia le ha situado en una postura crítica: «La Administración pública tiene voluntad política, pero después es tan lenta y burocrática que entiendo que muchos tiren la toalla».

No ha sido su caso en Bionure. En 2008 realizaron los estudios de patentes y en octubre de 2009 crearon la empresa, hicieron la transferencia de tecnología, y «¡empezó la aventura!». Zamora cuenta que tardó un año en conseguir dinero. «Si ya es complicado de por sí emprender, en este país, y en este sector biotec —en el que solo gastas, no ingresas nada, y quizás solo venderás una vez en la vida, y será la empresa entera—, ¡además en plena crisis!». A finales de 2010 cerró la primera ronda de financiación, consiguió 600 000 euros privados, que pueden llegar a 1,5 con las ayudas públicas. «Y estoy muy contento de los socios que tenemos. Todos son gente del sector: la familia Uriach; los Reig Jofré, de Galenicum; los Prous; Pascal Nizet de Pharmaphenix; Digna Biotech, entre otros.

«Creo que debemos recuperar el espíritu emprendedor para nuestros hijos». Cuenta su historia allá donde se lo piden: en la Pompeu Fabra, en el IESE, en Bruselas, en Berlín, o en institutos y escuelas, a través de la Fundació Escola d'Emprenedors.

«Al principio yo sabía que quería hacer algo, pero no tenía claro qué hacer. Ahora tengo cuarenta mil ideas, lo que me falta es tiempo». Cree que para ser emprendedor no hay que tener miedo al riesgo, ni al fracaso, y sí persistencia: «fijarte objetivos, y perseguirlos, y saberte levantar después de un tropiezo».

Por cierto, Albert Zamora se ha cambiado el orden de los apellidos, porque quiso transmitirles a sus hijas el apellido Guardiola de su madre —«una mujer con mucha *empenta*, que se esforzó para cultivar su calidad de vida»—. «Pero la ley me obligó a cambiármelo a mí, me supo mal porque mi padre es una gran persona. Y todo el mundo me conoce como Zamora». Así ha quedado G. Zamora. Dice que tiene sus *hobbies* y los deportes casi olvidados, y ahora su gran pasión son sus hijas. Las lleva cada mañana al cole, aunque «las veo menos de lo que me gustaría». Su mujer también es farmacéutica, «y ahora es ella quien tira del carro familiar».

Está contento con las cuatro *spin-off* que han salido del Clínic, con su trébol de cuatro hojas —Eduard Gratacós, Transmural; Josep Roca, Linkcare; Francisco Lozano, Immunovative D; y Villoslada—. En Bionure prevé otra ronda de financiación en el 2012, «me gustaría que fuera a nivel internacional, dejar de preocuparme tanto por el dinero y poder centrarme más en el proyecto. Ojalá dentro de cinco años haya tenido éxito, la compre una gran farmacéutica y saque el medicamento al mercado. Será un sueño cumplido. Y si además hemos ganado dinero y puedo promover a otros emprendedores, pues todavía mejor».

# 57. Una biotec de mercado

**Alfons Hidalgo,** *Fundador y Director Comercial de Infinitec Activos*

Desde los 6 años quiso estudiar química, entusiasmado por las batallitas de laboratorio que le contaba un amigo de sus padres. Pero cuando llegó a la universidad «no me gustó. Enseguida me di cuenta de que no sería científico». Científico no, pero emprendedor en biotecnología sí lo ha sido, aunque no por la vía convencional. Alfons Hidalgo cofundó en 2004 Infinitec Activos para comercializar péptidos y sistemas de liberación para la industria cosmética.

«Alfonso era un estudiante del montón, y cuando acabó la carrera pensé: ¡que no me pida ser investigador!», explica Fernando Albericio, el actual director del Parc Científic de Barcelona, que fue su profesor. «Hay emprendedores que se hacen, pero Hidalgo es de los que nacen», añade.

Alfons Hidalgo (Barcelona, 1974) tardó siete años en licenciarse en Químicas; en ese tiempo también se sacó el título de submarinista y trabajaba para la ingeniería Acsa «arreglando tuberías en el mar, o de peón si hacía falta», relata; hizo análisis de aguas, fue barman en un local del Casc Antic de Barcelona, y también posó en muchas sesiones como modelo en escuelas de arte —y alguna vez ha visto reproducciones de su cuerpo al natural en una galería—.

A Hidalgo lo que le gusta es «vender, relacionarme con la gente»: pasó por una empresa japonesa de química y plásticos y fue comercial de Lipotec: fue en esta empresa donde empezó a viajar mucho y, por primera vez, vendió péptidos a la industria cosmética. Y en 2002 se fue a Londres con su pareja, a cambiar de aires. «Estuve trabajando en un restaurante, no encontraba nada de mi sector, hasta que al final me salió un trabajo de comercial en una empresa de aceites esenciales». Y luego llegaron al mismo tiempo el embarazo y una oferta de un *headhunter* para llevar una cuenta de una empresa inglesa para España, Portugal y Turquía, que le permitía regresar a su piso de Sitges. Y regresaron.

«Pero tenía demasiado tiempo libre, la cosmética que había hecho para Lipotec me encantaba y quise montar una empresa de materias primeras para el sector cosmético...». Llamó a su amigo Josep M. Borràs, entonces director comercial de Provital —se habían conocido en un viaje a Sudáfrica, donde tenían el mismo distribuidor—, y se hicieron socios —«pedimos cada uno una hipoteca, juntamos 120 000 euros»— «y ahora somos más amigos: ¡las hemos pasado canutas!». Tenían el primer escalón hecho, los contactos comerciales: «Sabíamos que queríamos trabajar con péptidos, y sabíamos cómo venderlos». Pero no tenían producto, y llamaron a Fernando Albericio, que en el Parc dirige un grupo de investigación en péptidos que trabaja para terceros. Y les puso en contacto con la Fundació Bosch i Gimpera, que les ayudó «a cruzar todas las etapas».

Han levantado 1,6 millones; primero entraron BCN Emprèn —que ya no está— e Innova 31 —tiene un 20%—, y en 2008 un grupo de inversores privados —sus distribuidoras en España, Elena Grau y Engracia Gironés, y Pere Grau, ex Gas Natural, y Javier Cano, ex Puig, con el 25%—. Hidalgo y Borràs, y minoritarios, tienen el 55%.

Infinitec salió al mercado en el 2006 vendiendo solo en el extranjero, luego en el mercado nacional. Empezaron subcontratando el 100% de la investigación y la producción. Ahora ya realizan el 60% en sus propias instalaciones: en una planta en Montornès del Vallès (Barcelona) donde producen liposomas, y en un laboratorio en el Parc Científic de Barcelona. «No me puedo comparar con las otras empresas instaladas en el Parc. Sí que somos ciencias de la vida, y sí que la cosmética es un mercado que crece mucho. Pero no nos podemos tipificar como biotec. ¡Me parece demasiado! Nosotros no curamos ningún cáncer. La cosmética te cambia el estado, pero no te cambia la vida».

Albericio apunta que «Infinitec no es una empresa biotec clásica como las entendemos aquí, pero si lo es en el contexto global. Normalmente una biotec empieza una investigación y después busca si le puede interesar al mercado. En su caso, Alfonso sabe las preguntas comerciales, conoce los nichos del mercado. Y en este negocio, como en la vida, lo difícil es hacerse las preguntas, porque las respuestas ya las encontrarás».

Hidalgo vive a caballo entre Barcelona, Londres o Alemania, y se acaba de instalar en Nueva York, donde pasará dos semanas al mes: «El estadounidense es el mercado por excelencia de la cosmética». Esté donde esté, cada mañana empieza muy pronto, con dos horas de gimnasio. Y luego, coge «el GPS, ¡y a visitar a clientes!». En Estados Unidos ya tienen algún distribuidor, y George Cioca, ex vicepresidente mundial de I+D de Estée Lauder, es su consejero científico.

En sus primeros años la progresión de Infinitec ha sido geométrica y en 2010 facturó 1,5 millones de euros; para el 2011 el objetivo es alcanzar los dos millones. «No nos ponemos techo. Hay mucho camino por recorrer, dependerá mucho de la energía que Josep Maria y yo le pongamos». Y Alfons le pone marcha: «Si no piso un aeropuerto en quince días me da algo. ¡Llevo muchos años así, y tengo fuerzas para seguir más!». En cinco años dice que quieren estar en unos tres millones de euros, y posicionarse en el top 5 de empresas del sector, dominado por multinacionales y en el que ya está su anterior empresa, Lipotec, con quien ahora compite directamente.

Hidalgo reconoce su espíritu «inconformista: haber trabajado en otras empresas te hace ver las cosas que no te gustan, las que harías diferente. Todos debemos tener la oportunidad de cometer errores. Pero si tienes una idea y le pones toda tu energía, es complicado fracasar».

# Para acabar, el ADN del emprendedor y las mejores frases del libro... en un *tweet*

Cuentan que Edison hizo más de 1000 intentos antes de inventar la bombilla: aprendió más de 1000 maneras de cómo no tenía que hacerla.

«Todo el mundo te dice que en época de crisis hay que ser emprendedor... pero en este discurso falta una pieza. Mucha gente fracasa a la primera, no siempre se acierta. Si queremos inculcar el espíritu emprendedor, también debemos decir que si te equivocas no pasa nada, y que de las experiencias que no salen bien también se aprende». Con esta filosofía, un grupo de ingenieros promueven desde 2009 los Fiasco Awards, para premiar los mejores proyectos tecnológicos que no hayan tenido éxito.

Con una convocatoria a nivel internacional, explorando las posibilidades de la plataforma web interactiva, los propios organizadores de Fiasco Awards se merecieron el primer premio cuando, en la edición de 2010, propusieron como ganador al iPad, ¡y ganó! Consideraban al iPad de Apple como el mejor invento tecnológico que no tendría éxito en el mercado... el mismo iPad que en pocos meses revolucionó el mundo de las tabletas, de las pantallas de acceso a internet, con cifras de ventas estratosféricas en todo el mundo.

Este ejemplo lo que ilustra —aparte de la poca visión que tuvieron en su momento los Fiasco Awards—, es lo fácil que es acertar en las predicciones *a posteriori*. O lo fácil que es decir que otro se ha equivocado, cuando ya se ha equivocado. Para emprender, las predicciones se hacen a futuro. Ese es el riesgo de emprender, lo más difícil, pero también lo más gratificante.

«El emprendedor es optimista por naturaleza», dijo un empresario consolidado. Si hubiera un ADN del emprendedor, este diría que es optimista y tenaz, y puede que hiperactivo, y con buenas dotes de líder y seguridad en sí mismo. Quizás incluso un poco inconsciente. Hombre o mujer, joven o senior, con formación universitaria o con experiencia vivida. No obstante, me atrevería a decir que algo que seguro tienen en común los emprendedores que he conocido a lo largo de los años, es la voluntad de ser dueños de sus propias decisiones. De las correctas y de las equivocadas. Son personas que no quieren dejarse arrastrar río abajo, a merced de la corriente. Son los que prefieren remar, observando el entorno, decidiendo por dónde pasar, cuándo y dónde parar, e ir contracorriente si hace falta. Los que, en definitiva, quieren ser dueños de su propia vida, y lo materializan en su propia empresa. Por eso decimos que ser emprendedor es una actitud, y que se puede ser emprendedor trabajando para otro, o incluso en el tiempo libre, en las vacaciones. Pero eso ya sería para otro libro...

La mayoría de los emprendedores —con alguna excepción que confirma la regla—, no se hacen emprendedores para ser famosos y tener la visibilidad de una profesión de moda. Es más bien al contrario: le ponen tanto esfuerzo, tanta energía, se dejan tanto la piel en su proyecto, que eso es lo que hace que sus historias valgan la pena y tengan repercusión social. Y que salgan en este libro.

Ya existen otros libros en los que buscar las claves, las herramientas para montar una empresa. Y como quien más sabe de algo es quien está sobre el terreno, quién mejor que los emprendedores para dar ejemplos de emprendimiento. Esta ha sido la misión de este libro, pero llegado el final, quizás sea el momento de sacar conclusiones. Y será acorde con los tiempos: *tweeteando* algunas de las mejores ideas de estos emprendedores que hemos conocido —aunque con una licencia: permitirnos más de 140 caracteres cuando haga falta—:

**Pere Gallés:** «Mi ambición no es económica. Mi ambición es la satisfacción personal de seguir adelante».

**Josep Terradellas:** «Es muy importante saber hasta dónde puede llegar cada uno; pensar que eres muy bueno te pierde».

**Josep Maria Lloreda:** «Si cada miembro del equipo está contento, si siente que su opinión cuenta, que no se bloquean los valores personales..., ¿me fastidiarás o me apoyarás? Esa es mi forma de ver el negocio».

**Eudald Domènech:** «Al final, la perseverancia suele tener premio».

**Antonio González Barros:** «Una empresa no es un fin en sí; es un vehículo para hacer felices a las personas».

**Carlos Barrabés:** «Soy un convencido de la suerte. Es un tema de posicionamiento. Sin ser un optimista patológico, creo que la suerte tiene que ver con el ecosistema que te montes».

**Carlos Blanco:** «Hasta ahora no he inventado nada que no haya inventado otro antes que yo en otro país. Hay que desmitificar el valor de las ideas: la clave no es la idea, sino cómo la ejecutas, el equipo, los socios».

**Javier Pérez-Tenessa:** «Lo mejor o peor no es la industria en sí, sino que hay empresas buenas y otras malas».

**Lucas Carné y José Manuel Villanueva:** «Puedes ser un buen conductor, pero debes escoger un buen coche. Y aun así, estando en un buen sector, hemos estado un par de veces a punto de morir en el intento».

**Dídac Lee:** «Desde aquí se pueden crear proyectos innovadores, igual que Pau Gasol juega y gana en la NBA».

**Marc Bonavia:** «No necesitamos al capital riesgo para crecer: ellos solo ofrecen gasolina, y lo que necesitamos son motores que tiren del carro, otros emprendedores como nosotros en los mercados a los que vamos».

**André Vanyi-Robin:** «A los chavales hay que hablarles de los fracasos y de qué harán para superarlos».

**Giuseppe Flores d'Arcais:** «El mercado de *software* es competitivo y super global: no hay otra elección que crecer muy rápido. Si quieres caminar tranquilo, no hagas *software*».

**Pau Garcia-Milà:** «El mayor problema es la actitud de la gente. Vemos al emprendedor como a un pícaro, y si triunfa, como a un explotador».

**Ezequiel Navarro:** «Hay que tener cuidado: la empresa tiene un traje, y con el crecimiento las costuras se pueden romper».

**Xavier Berneda:** «No es el pez grande el que se come al pequeño: sino que el pez pequeño es más rápido que el grande. En un mundo tan globalizado, el futuro es la personalización».

**Santiago Sabatés:** «Si quieres hacer negocios en un país y, aún más, si les vas a vender cosas que tienen que ver con la manera de vivir, debes saber cómo se organizan socialmente, cómo hacen negocios».

**Maite Barrera:** «La suerte se pega en el sudor».

**Cristian Rovira:** «Hay que aprender a hacer; hacer; enseñar a hacer; hacer hacer; y dejar hacer».

**Joaquim Badrinas:** «La empresa familiar es la mejor manera de transmitir valores. De mi padre aprendí a aguantar. Sobre todo a los socios. Muchas veces me pelearía con ellos, pero los beneficios que aporta una asociación siempre son mejores. No es fácil, pero hay que aguantar».

**Xavier Verdaguer:** «Hay gente que dice que mejor no mezclar negocios y amistad, pero yo pienso al revés: en la empresa te lo tienes que pasar bien, es un juego. Cuando emprendes siempre ganas: si te va bien, creas valor y empleo, y si no, habrás aprendido mucho».

**Daniel Jordà:** «Somos artesanos, pero lo que vendemos no es la tradición, sino la audacia».

**Hermanos Bermejo:** «Un día nos planteamos: tenemos muy pocos clientes jóvenes, pero ¿tenemos algo que ofrecerles? Carecíamos de producto diferente, creativo, transgresor».

**Guillermo Bosch:** «No soy partidario de las franquicias, se pierde el control de la esencia».

**Joan Tarrida:** «¿Me veo así siete años más? Quizás ha llegado el momento de tener un negocio propio».

**Alexander Ruckensteiner:** «Nuestra clave es vender un producto muy tonto de forma muy seria, con excelencia profesional».

**Pilar Almagro:** «Cuando diriges un grupo, lo único que tienes que hacer es crear las condiciones para que la gente esté tranquila y crezca. Normalmente una forma de destacar es pisando a los demás; pero para destacar por ti mismo necesitas contar con gente mejor que tú y eso da miedo».

**Albert G. Zamora:** «Creo que debemos recuperar el espíritu emprendedor para nuestros hijos».

**Alfons Hidalgo:** «Todos debemos tener la oportunidad de cometer errores. Pero si tienes una idea y le pones toda tu energía, es complicado fracasar».

# Epílogo

Leer estas historias de emprendedores me ha traído a la mente recuerdos de cómo fueron mis comienzos. Muchos saben cómo fundé Jazztel o Ya.com o Fon, que son las empresas que han tenido más notoriedad en España, pero pocos son los que conocen la historia de mi primer gran negocio, que nada tiene que ver con el mundo de las telecomunicaciones.

Creo que estas páginas son el mejor lugar para contarlo, junto con otras historias de emprendedores. Algunos han aprovechado las oportunidades que les ha dado internet y las nuevas tecnologías, otros han optado por innovar en sectores más convencionales o incluso por reinventarse a sí mismos para adaptarse a los nuevos tiempos. No importa tanto el campo donde desarrolles una idea, ni la actividad en concreto, sino la pasión que pongas en ella.

Mi primer gran negocio lo hice cuando estaba en la universidad. Mi padre había fallecido y mi madre me insistía en que tenía que buscar un trabajo. Cuando yo iba a buscar trabajo y me hacían preguntas como: «¿usted dónde se ve en cinco años?» Yo les decía: bueno, mínimo como su jefe. Y nunca me daban el empleo. Al mismo tiempo que buscaba un trabajo —de muy mala gana— yo tenía un plan de negocio con una idea: comprar edificios en el barrio de Tribeca, en el *Lower* Manhattan, y transformarlos en edificios de *lofts*.

Estamos hablando del año 1985 y ese barrio era muy pobre, no como ahora. En aquella época, el pie cuadrado en esa zona costaba unos sesenta dólares, y ahora, veintitrés años después, ronda los seiscientos. Era bastante decadente, pero de alguna manera yo sabía que se iba a convertir justamente en lo que es:

un barrio próspero, con galerías de arte, lujosos apartamentos, hoteles... Personalmente, yo podía invertir 25 000 dólares.

Mi padre falleció muy joven —tenía solo 49 años— y no teníamos mucho dinero. Había heredado 150 000 dólares, que se fueron rápidamente en pagar las responsabilidades y deudas que quedaban pendientes tras su muerte, pero sí que heredé una buenísima educación. Mi padre era un hombre brillante, que tenía una ética y una manera de enseñarme que me sirvió mucho en la vida, no solo para los negocios, sino para todo lo demás.

Conseguir inversionistas y un equipo gestor era la tarea más complicada. Yo no creía que me fuesen a dar el dinero a mí: un chico de veinticuatro años que aún era estudiante de MBA. Entonces encontré a Len Kahn, que en aquella época era el jefe gestor de la cartera inmobiliaria de la ciudad de Nueva York. Trabajaba para el gobierno, en un puesto de alta responsabilidad que hacía muy bien, pero donde el sueldo era bajo. Le propuse entonces trabajar en mi empresa de renovaciones inmobiliarias, pero cuando él me preguntó cuál era mi empresa tuve que decirle que aún no tenía empresa, y que si la tuviera, le daría un tercio de esta y un buen sueldo. Si yo levantaba el dinero, él aceptaría el gestionar mi empresa y se vendría a trabajar conmigo. Le incluí como el gestor de mi compañía en el plan de negocio. Fue además él quien me alertó de un edificio que estaba disponible en Tribeca, en el número 11 de la calle Beach.

Mi plan de negocio consistía en la renovación de este edificio de 120 000 pies cuadrados, que costaba seis millones de dólares y cuya renovación ascendía a otros seis, por lo que tenía que encontrar doce millones de dólares. En primer lugar necesitaba 600 000 dólares, el 10% del total del valor del edificio, con un pago a noventa días. Durante esos noventa días tendría que conseguir la financiación bancaria —diez millones de dólares— o nos quedábamos sin el contrato. En ese momento, todo lo que tenía era muy hipotético porque no teníamos ni edificio, ni préstamos, ni empleados, ni nada.

Fue entonces cuando fui a visitar inversionistas, a muchos, y todos me dijeron que no, que era muy joven, que no tenía experiencia... tuve que escuchar muchos noes antes de que apareciese Manuel Madanes. Manuel había sido amigo de mi padre y estaba muy afligido por su muerte —aunque este contacto vino por parte de mi padre, no creo sinceramente que nadie preste esa cantidad de dólares por ser amigo de alguien, sino que estoy seguro que Manuel creyó en el proyecto que le presenté—. Para que me diese los 600 000 mil dólares, tuve que viajar a Houston, donde se encontraba por razones de negocios. Cuando llegué allí me di cuenta de que me había olvidado mi billetera. «¡Voy a recoger 600 000 dólares y no tengo ni plata para coger un taxi!» Recuerdo que tomé el colectivo y terminé llegando a pie. Allí me reuní con Manuel, negociamos el acuerdo y me entregó un cheque por valor de 600 000 dólares. Me dio tanta vergüenza decirle que si además de los 600 000, podía darme veinte dólares más para el taxi, que me fui caminando, con el cheque en el bolsillo, a tomar el colectivo de vuelta.

Ya en Nueva York, conseguimos el contrato para la compra del edificio. En ese momento nos enfrentábamos a la agonía de conseguir los diez millones de dólares de financiación. Fue una experiencia terrible, nadie quería darnos la financiación, básicamente porque yo tenía 24 años. Los conseguimos justo el día antes de perder los 600 000 dólares y gracias en gran medida al apoyo de Len Kahn. Ese día yo cumplía 25 años, terminaba mi MBA y tenía doce millones de dólares financiados en el bolsillo.

Construimos el edificio, lo renovamos y así nació **Urban Capital Corporation**. El edificio que compré por seis millones de dólares ahora parece que vale sesenta millones de dólares. Yo poseo un cuarto de este y, aunque la mayoría de los ingresos se los llevan los inversores, es gratificante recibir todavía un cheque mensual de Len Kahn —nada malo para una inversión de 25 000 dólares hace 23 años—. No me pregunten cómo lo hice, porque después de todo este tiempo aún yo me lo pregunto. Creo que fue una combinación de encontrar las propiedades adecuadas, asociarme con la gente correcta y ganarme la confianza de Manuel Madanes.

Esta fue la historia de mi primer gran negocio con el que a los 27 años podría haberme retirado y vivir bien el resto de mi vida, aunque solo lo hice un par de años antes de involucrarme en Medicorp Sciences. Luego en 1991 crearía Vialnet, en 1998 Jazztel, en el 99 Ya.com, en 2005 Fon...

## Tweetforismos para emprendedores

A continuación expongo algunas reflexiones para aquellos que estén pensando en el emprendimiento:

- Para emprender no hace falta capital, yo no lo tenía, hace falta un buen plan de negocios y entrevistarte con inversionistas.
- Explica tu idea para una empresa en pocas palabras.
- Si quieres ser *entrepreneur*, te guste o no, como vas a tener que conseguir tus fondos usando palabras en inglés, mejor que empieces por ahí.
- Si estás pensando en ser emprendedor global recomiendo ver la lista de PIB por países.
- Haberse arruinado hace más probable que un emprendedor tenga éxito la próxima vez.

- Transforma tus ideas en empresas: la creatividad es la clave.
- La impaciencia es una virtud para el emprendedor —un problema en la vida cotidiana—.
- Ser el que mejores notas saca en la universidad no te asegura el éxito en la vida.
- El tiempo es más valioso que el dinero, porque puedes usar tu tiempo para ganar dinero pero no tu dinero para comprar tiempo.
- Emprender no es solo crear empresas, existen los emprendedores sociales o científicos.

**Martin Varsavsky**, emprendedor y filántropo